너에게
집중하라

세상에서 최고의 도구는 자기 자신이다

너에게 집중하라

김나연 지음

FOCUS ON YOURSELF

**인생을 살아가는 것은 생각보다 단순하다.
나 자신에 집중하면서 번아웃을 관리하라!**

너의 발전 가능성에 집중하라. 너의 주변이 너를 휘두를 때도 너에게 집중하라.
너 안에 답이 있음을 인지하고 나아가라. 너의 재능이 너를 이끌 것이다.

바른북스

머리말

살면서 번아웃이 올 때가 있다.

일을 하면서

사랑을 하면서

사람과의 관계에서

…

많은 인간관계와 삶 속에서 나의 가치관과 기대 수준으로 일이 실행되지 않아 원하는 만큼 성취감을 얻지 못하였을 때, 나와 다른 길로 가는 상대들과 함께 있어 기대 수준을 충족하지 못하였을 때, 계속되는 실패의 부정적 경험이 직무 수행력을 잃게 할 때 우리는 정신적 또는 육체적인 피로를 느끼고 현재 상황이나 일에서 오는 열정과 성취감을 모두 잃는 정신적 탈진을 하게 된다. 이것이 번아웃이다. 우리는 수없이 많은 경우에 번아웃을 느끼고 삶의 회의를 느낀다. 그러면 정신은 헤어날 수 없을 만큼의 깊은 수렁으로 빠져든다.

이럴 때면 나는 아래로 한없이 빠져드는 자신을 발견한다. 아무런 생각을 할 수가 없다. 오직 침전되고 있는 자신만이 보일 뿐이다. 의욕이 사라지고 기분이 가라앉고 한없이 초라해진 자신의 모습에 오열을 느낀다. 한동안 그런 자신을 내버려둔다. 침전할 대로 침전하고 나면 이제는 올라올 수밖에 없음을 알기 때문이다. 침전이 길어질수록 나를 바라보는 시간은 길어지고 나 자신에게 냉정해진다. 처음에는 그런 현실에 대하여 타인을 원망하고 있는 자신을 바라보게 된다. 그러다가 시간이 조금 흐르면 타인과 비교하여 상대적 초라함에 오열하는 자신을 보고 연민을 느끼며 더 가라앉는 자신을 본다. 또 시간이 조금 더 흐르면 그런 자신을 받아들이고 있는 강한 내면의 자아를 발견하게 된다. 그때 나는 잠에서 깨어나 기지개를 켜듯이 미소를 지으며 하늘을 향해 두 팔을 벌린다. 깊은 병에서 회복된 사람처럼 몸과 마음이 가볍고 개운함을 느낀다. 다시 열정이 생기고 의지와 힘이 솟는다. 한순간에 깊은 수렁에서 빠져나온다. 아니다. 수렁으로 빠져들었을 때보다 더 성숙해져 있다. 더 당당하게 세상으로 나갈 수 있는 자신감으로 가득해졌다. 어느새 하루의 일과를 체크하는 자신을 본다. 그러면서 "너에게 집중하라."고 외친다. 이 외침은 타인이 아닌 나에게 집중하고 감정을 정리하게 만든다.

너에게 집중하라.

네가 하는 일이 있음에 감사하고

네가 가르치는 아이들이 있음을 깨닫고

너의 가정이 온화함을 깨닫고

너의 배우자가 따뜻함에 감사하고

너의 자식들이 올바르게 성장했음에 감사하고

너를 사랑하고 해야 할 일이 있음에 감사하고

집중할 자신이 있음에 감사하라.

　나 자신에 집중하면서 번아웃을 관리한다. 이제 번아웃은 현실에서 나의 길을 걷게 하고, 극복하지 못했던 것을 실행에 옮겨 극복하게 한다. 우리는 현실을 벗어나면 더 심한 번아웃에 빠진다. 현실에 있는 자신에게 집중하고 자신이 해야 할 일을 통해 발전적으로 변할 때 번아웃이 극복됨을 명심해야 한다.

　"너에게 집중하라." 이 화법은 화자인 '나'가 청자인 '나'에게 격식체의 해라체를 사용한 표현법이다. 나 자신에게 격식을 차려 높임의 표현을 하면서도 아주낮춤의 종결형으로 자신을 한 번 더 환기시키고 강하게 집중하게 하는 효과가 있다. 그리고 구체적으로 정해지지 않은 청자에게 명령의 뜻을 나타내는 종결어미를 사용하여 내가 아닌 내면의 나에게 집중하는 시간을 가지라는 명령의 의미를 내포한다. 한번 따라 해보길 바란다. "너에게 집중하라." 자신에게 되뇔수록 정신을 가다듬어 집중하게 된다. 그 순간 오로지 현재의 자신을 받아들이며 자존감과 자기애를 느끼게 된다. 그 힘은 다시 설 수 있는 에너지가 되어 세상으로 힘찬 발걸음을 내딛게 한다.

　이 화법은 미국의 하워드 가드가 주창한 자기성찰 지능과 관련이 있다. 자신의 성격, 감정 등을 성찰하고 자신의 내적 문제를 해결하는 능력이다. 자신에 대한 지식이 뛰어나고 감정 조절을 잘하는 것은 타인과의 효과적인 관계를 형성하게 하는 중요한 요인이다. 그리고 뛰어난 문제해결력은 목표지향적인 면이 강하여 대부분 사회에서 성공 요인으로 작용하는 지능이다. 그만큼 자기에게 집중하는 성찰의 힘은 강한 능력을 나타낸다. 우리의 생각 속에는 나를 바로 세우고 세상을 바꿀 힘이 존재한다.

FOCUS ON
YOURSELF

목차

머리말

1강 인생을 살아가는 것은 생각보다 단순하다

인생의 숨바꼭질에서 술래가 되면 015
인생의 목적은 이미 알고 있다 020

2강 너에게 집중하라

꿈꾸는 사람 033
- 당신의 꿈은 무엇인가? 033
- 재능 발견은 어떻게? 036
- 하고 싶다고 모든 것을 할 수 있는 것은 아니다 043
- 삶의 가치관을 정립하라 047

3강   인간의 잠재력

인간의 지능   057
　– 지능이란 무엇인가?   057

두뇌 속에 숨어 있는 비밀   065
　– 인간의 뇌에는 8가지 지능이 존재한다   065

성공한 사람들의 특징   077

직업선택이 어려운 이유   084

4강   재능의 발현

어디서 어떻게 활용해야 할 것인가?   091

직업선택은 쉽다   095

5강 실천의 중요성

결단의 힘 103
사람의 다양성이 인정되는 사회 106
재능 발견 성장지원을 기대하며 110

6강 별지

진로 체험 수업 후 느낀 점 117
다중지능의 교육적 활용 및 학습방법 123
  - 강점지능으로 학습 방향 설정 123

FOCUS ON YOURSELF

1강

인생을 살아가는 것은 생각보다 단순하다

**FOCUS ON
YOURSELF**

인생의 숨바꼭질에서
술래가 되면

🚩

고인이 되신 시삼촌의 "언제 올지 모르는 행운을 잡기 위함이란 다."라는 말씀이 생각난다. 매주 복권을 사시면서 들려주셨던 말씀이다. 그때 그 이야기에 많이 놀랐던 기억이 난다. 행운을 잡으려고 준비를 하고 있다는 것이 생각지도 못한 발상이었기 때문이다. 행운은 우연적 요소로 인해 일어나는 좋은 일이나 결과를 뜻한다. 그래서 행운은 가만히 있으면 우연으로 하늘에서 돈벼락이 떨어지듯이 생기는 것인 줄 알았는데 삼촌의 말을 듣고 준비를 하고 노력을 해야 얻을 수 있다는 것을 알게 되었다. 우리는 행운을 잡기 위해 어떤 노력을 얼마나 하는가? 모든 것은 노력과 집중으로 이루어지는 것임을 잊어서는 안 된다. 그럼 행운이 무엇일까? 행운이 무엇이기에 이토록 갈구하는 것일까?

들판을 거닐면서 우리는 아주 쉽게 세잎클로버, 즉 토끼풀을 본다. 이 토끼풀을 볼 때면 꼭 네잎클로버를 찾아본다. 네잎클로버가 주는 꽃말이 행운임을 알고 그 행운을 잡으려는 기대감 때문이다. 행운의 역사는 19세기 초로 거슬러 올라간다. 유럽에서 프랑스 혁명이 있었을 때 프랑스 장교였던 나폴레옹은 전쟁 중에 우연히 세잎클로버가 가득한 들판 가운데에 피어 있는 네잎클로버를 발견한다. 나폴레옹은 네잎클로버가 신기하여 자세히 살펴보기 위해 고개를 숙였다. 그 순간 그의 머리 위로 적의 총알이 지나가게 되어 목숨을 구할 수 있었다. 적국의 저격병이 쏜 총알을 천운으로 피한 것이었다. 그때부터 네잎클로버의 꽃말이 '행운'을 상징하게 되었다는 일화가 있다. 나폴레옹은 자신의 목숨을 구하는 행운을 얻었지만 우리는 어떤 행운을 찾으려고 네잎클로버를 찾는 것일까? 대부분 행운은 좋은 것이며 우연성을 가진다고 생각하므로 이런 행운 찾기를 한다. 그런데 우리는 네잎클로버가 세잎클로버 사이에 존재한다는 것을 알아야 한다. 네잎클로버가 행운을 상징하지만 세잎클로버는 행복을 상징한다. 세잎클로버가 지천으로 깔려 있어 그 양이 많은 것처럼 세잎클로버의 꽃말이 알려주는 행복도 우리 주위에 지천으로 존재하는 것이다. 그런데 우리는 세잎클로버를 보고 그 존재가치를 느끼지 못하는 것처럼 우리 곁에 존재하는 행복의 요소들을 모른 채 일상을 보낸다. 행복 속에 행운이 존재한다는 것은 우리에게는 모두 저마다의 행운이 존재한다는 것이다.

"꼭꼭 숨어라. 머리카락 보인다. 꼭꼭 숨어라. 머리카락 보인다." 숨바꼭질 놀이에서 술래가 일정 횟수를 반복하여 외침으로써 아이들이 숨을 시간을 주는 약속된 의미의 노래이다. 술래는 "찾는다."를 외치며 최대한 빨리 아이들을 찾아야 다음에 술래가 되지 않는다. 그런데 숨바꼭질을 하다 보면 스스로 참지 못하고 뛰어나오는 아이들이 꼭 있다. 술래는 이 아이들만 잡아도 술래에서 벗어날 수 있다. 우리의 삶은 인생의 숨바꼭질 같다. 술래가 숨은 아이들을 잡아야 술래에서 벗어나듯이 우리는 숨은 행운을 잡아야 인생의 숨바꼭질에서 승리하는 것처럼 여긴다. 그러나 술래잡기에서 가만히 있어도 나타나는 아이를 잡아 술래의 자리를 벗어날 수 있듯이 우리의 인생도 가만히 있어도 보이는 행복들에서 인생의 술래에서 벗어날 수 있다. 술래잡기에서 술래가 숨은 아이들만 찾아 헤매다 보면 쉽게 잡아놓은 아이를 다른 친구들이 구해주게 되어 술래는 계속 술래가 되어야 한다. 이처럼 인생의 숨바꼭질에서 술래가 된 우리도 행운만 찾아다니면 조용히 찾아온 행복을 놓치게 되어 덩달아 행운의 고리를 잃게 되는 악순환을 겪게 된다. 사람들이 인생의 숨바꼭질에서 이 악순환을 끊지 못하고 있다. 가만히 있어도 뛰어나오는 아이가 있듯이 우리가 존재하는 삶을 조용히 살펴보면 그저 찾아오는 행복들이 깔려 있다. 우리는 이 행복들만 주워 모아도 행운만큼 큰 것을 가질 수 있으며 인생의 술래에서 벗어날 수 있다.

1강 | 인생을 살아가는 것은 생각보다 단순하다

행복한가?
행복을 언제 느끼는가?
행복이 거창하지 않다는 것을 아는가?
주변의 행복은 무엇이 있는가?
오늘의 행복은 무엇인가?
누구에게 행복을 전해줄 수 있는가?
무엇으로 행복하기를 바라는가?

행복 찾기를 해보자.
행운을 느껴보자.

인생의 목적은
이미 알고 있다

인생의 목적은 무엇일까? 어떤 이는 원하는 사람과 원하는 장소에서 원하는 것을 먹으며 여유를 즐길 수 있는 경제적 여유라고 말할 것이다. 아니면 기부 천사가 되어 어려운 사람을 돕거나 또는 아프리카에서 기아에 허덕이는 아이들을 돕는 활동에 직접 뛰어드는 사람도 있을 것이다. 그리고 경제와 문명의 혜택에서 소외되어 질병으로 목숨을 잃어가는 아이들을 위하여 비행기 표를 끊는 의사도 있을 것이다. 우리는 아주 사소하고 개인적인 것에서부터 거창한 인류애로까지 다양한 형태의 삶을 원한다. 그러한 삶의 궁극적인 의미는 무엇일까? 각자 추구하는 것을 이루었을 때의 만족감과 성취감으로 귀결된다. 그럴 때 우리는 삶의 의미를 더하게 된다. 더하기라는 활동은 긍정의 이미지를 만들어 마음의 여유와 자신감을 주어 사람을 웃게 하고 쾌감을 준다. 그런 기쁨과 만족이 주는 마음의 안락함은 우리 삶의 질을 성숙시킨다. 그런데 대부분 이런 질 좋은 행복은 행운을 잡았을 때만 이루어진다고 생각한다. 행복의 매개체로 행운을 생각하는 것이다. 자신의 삶은 인생의 목적을 이루기에는 부족한 것이 많아 무엇인가를 더 채워야 할 것 같다고 느끼기 때문이다. 그 부족한 것은 현실에서 충족되기 어려운 것이므로 행운이 필요하다고 은연중에 생각한다. 하지만 행운도 노력으로 주어지는 것이지 요행으로 만들어지는 것은 아니다. 그러면 어떤 노력을 해야 할까?

모든 것은 자신의 의지가 강할 때 추구하고자 하는 생각의 싹이 트고 그 싹은 자신의 삶을 프로그래밍하여 꽃을 피우고 열매를 맺고 또 다른 씨앗을 만든다. 감나무 밑에서 감 떨어지기를 바라고 입 벌리고 있는 것이 어리석듯이 행운만을 바라고 무엇인가를 하고자 하는 생각의 씨앗을 키우지 않는 것은 결코 행운을 얻을 수 없는 행동이다. 이제 생각을 바꿔야 한다. 찰스 리드의 명언을 보면 생각의 씨를 뿌리면 행위를 거둬들이고 행위의 씨를 뿌리면 습관을 거둬들이고 습관의 씨를 뿌리면 인격을 거둬들이고 인격의 씨를 뿌리면 운명을 거둬들일 수 있다고 했다. 여기서도 생각의 중요성을 알 수 있다. 생각은 우리의 뇌에 씨를 뿌리는 것이다. 그러면 생각은 원인이 되어 원하는 삶의 결과를 만들어 낸다. 원하는 삶을 위해 생각을 맞추어야 한다. 사람은 자기 생각에 따라 변한다. 자기의 생각을 관찰하고 통제하여 변화시킬 수 있다. 각자 자신의 상황을 개척하여 원하는 삶을 이루어 내면 그에 맞는 새로운 환경이 만들어진다. 환경이 사람을 만드는 것이 아니다. 생각이 환경을 만들고 그렇게 만들어진 환경은 자신이 생각한 결과물로 자신이 어떤 사람인지 보여줄 뿐이다.

하지만 이러한 삶의 결과를 이루는 사람은 적다. 왜일까? 습관 때문이다. 습관은 어떤 행동을 오래 반복하는 과정에서 저절로 익혀진 행동방식을 말한다. 생활 속에서 의식과 상관없이 자동으로 거의 매일 반복되는 형태이다. 예를 들어 이를 먼저 닦고 샤워를 하거나 아침마다 똑같은 길을 반복해서 걷는 활동 등은 의식적으로 계획하지 않아도 이루어지는 활동이다. 이처럼 우리의 일상은 습관의 덩어리로 쌓여 있다. 우리의 감각기관은 1초에 1,100만 가지의 정보를 뇌로 보낸다. 그러나 우리의 의식은 1초에 16에서 50가지의 정보량만 처리하고 나머지는 무의식에서 처리한다. 그런데 우리의 일상생활에서 이루어지는 활동은 노력이 필요하지 않은 무의식의 영역이다. 노력이 필요한 부분은 의식이 주체가 되어 이루어진다. 우리의 일상생활이 의식의 영역에서 무의식의 영역으로 그것을 관장하는 주체가 바뀌기 위해서는 지속적인 반복을 통해서만 가능하다. 아이들이 젓가락질을 시작할 때 교정용 젓가락을 사용하면서 올바른 젓가락 사용법의 습관을 길들인다. 1년 또는 2년의 오랜 반복이 쌓였을 때 젓가락을 올바르게 사용하는 좋은 습관이 형성되어 이후에는 무의식적인 일상생활의 하나로 넘어간다. 이렇게 건강한 연습과 노력은 좋은 습관을 형성한다. 물론 그 행동이 아이의 젓가락질과 비견될 수 없을 만큼 지속성을 유지하기에 힘들고 어려운 것은 오랜 반복의 습관으로 자리 잡기까지 많은 시행착오가 따른다. 포기하고 싶은 경우도 많다. 하지만 그것을 참고 이겨냈을 때 자신만의 행동 루틴이 잡힌다. 긍정적인 행동 습관은 우리의 삶을 성공적으로 바꾸는 확실한 힘을 가지고 있다. 자신의 삶을 성공으로 이끄는 사람들은 자신만의 습관이 있으며 그것을 유지할 수 있는, 즉 자기관리능력이 뛰어나다. 좋은 습관이 자리 잡혔을 때 그 사람의 인격은 저절로 연마되어 품격을 갖추게 된다. 동서양을 막론하고 인격을 제대로 갖추지 못한 사람을 짐승에 비유될 만큼 인격은 인간으로서 갖추어야 할 기본 덕목이다. 성격의 경향이나 그에 따른 행동의 경향이 도덕적 법칙 속에 있을 때 이들은 훌륭한 품격을 갖추게 되는 것이다. 이렇게 좋은 습관과 훌륭한 인격이 형성되면 결국 원하는 삶을 살 수 있는 경우의 수는 많아진다.

우리 민족은 동방예의지국이라 불릴 만큼 누구나 인성이 바른 나라였다. 하지만 이제는 인성이 성공의 측도가 될 만큼 올바른 인성이 필요한 세상이 되었다. 1970년대 산업화, 도시화가 진행되면서 사람들은 타인을 배려할 줄 모르는 개인주의로 변해갔다. 시대의 흐름에 뒤처지지 않기 위해 집단의 이익보다 개인의 이익만을 우선으로 하였다. 그것은 타인을 배려하는 이타주의를 상실하게 하였으며 개인 이기주의, 집단 이기주의 등 다양한 이기주의의 양상을 만들어 냈다. 사회의 전반적인 양상을 볼 때 사람들의 교육의 질이 높아질수록 도덕성은 찾아볼 수 없게 되었으며 철저하게 개인주의화되는 아이러니한 상황이 나타나고 있다. 물론 모든 이들을 통칭하는 것은 아니다. 하지만 변화하는 시대 속에서 왜곡되고 있는 부모 세대의 생활 습관은 아이들에게 직접 또는 간접적인 교육이 되어 나타나고 있다. 이제 아이들은 약한 사람을 아무렇지도 않게 왕따를 시키고, 학교에서 죄책감 없이 폭력을 가하고 있다. 심지어 친구가 학교폭력을 당하는 불의의 상황을 보고 나쁘다고 표현하지 않을 뿐만 아니라 그것을 강 건너 불구경하듯이 남 일로만 여긴다. 요즘 아이들은 다 그렇다는 생각으로 치부한 채 넘겨버린다. 그것이 도덕적으로 용납될 수 없음에도 옳고 그름의 판단을 상실한 채 일상적인 삶으로 받아들이고 있다. 아이들의 인성이 심각하게 변형되고 있다. 힘 있는 아이들에게 눌려 아예 자신을 드러내지 못하고 웅크린 아이들은 학교라는 사회 속에서 무엇을 배울 수 있을까? 성인이 되었을 때 억눌렸던 감정이 어떻게 표출될까? 또 다른 사회 문제로 나타날 것 같아 걱정스러울 뿐이다. 도덕성을 상실한 사회의 모습은 개인주의나 이기주의보다 더 심각하게 변형된 모습을 만들어 내고 있다. 아이들은 이렇게 여러 형태로 변화된 생활을 하고 있다. 이제는 동급생의 친구를 넘어 교사나 웃어른에게까지 무례하게 굴어 사회적 문제가 되는 사례가 흔히 나타난다. 실제 초등학교의 담임교사가 학생에게 수십 대의 폭력을 당하여 전치 3주의 진단을 받은 사례도 있다. 도덕성의 상실이 교권을 무너뜨리는 사회양상을 만들고 있다. 지금의 우리는 도덕적으로 유해한 환경에서 살아가고 있으며 청소년들은 그러한 환경 속에 자연스럽게 노출되어 있다. 올바르게 생각하고 올바르게 행동하는 법을 잊고 있다. 그래서 부모가 먼저 올바르게 생각하고 올바르게 행동하는 모습을 보여 아이들도 그 모습을 보고 잘못된 행위를 고칠 수 있는 새로운 습관을 길들여야 한다. 가정교육의 패러다임이 필요한 것이다. 그것이 될 때 올바른 인성으로 올바른 인격을 만들어 가는 지름길이 될 것이다. 미래를 책임질 아이들에게 도덕성과 인성은 아무리 강조해도 무색할 만큼 중요하다. 도덕성이 올바로 갖추어진다면 옳고 그름을 판단하는 힘이 생긴다. 올바른 인성은 유해한 환경과 부정적인 환경 속에 대항하여 자신을 지켜낼 수 있게 한다. 이런 것은 부정적인 외압에 맞서는 힘이 되고 스스로 올바름을 추구하고 행동하게 하는 원동력이 된다.

도덕성도 지능이다. 도덕지능을 살펴보면 공감 능력, 분별력, 자제력, 존중, 친절, 관용, 공정함을 주요 덕목으로 한다. 다른 사람의 기분을 파악하여 행동하게 하는 공감 능력이 도덕지능의 핵심 능력이다. 공감 능력은 타인의 문제를 그들의 관점에서 생각하고 배려하는 마음으로 행동하는 덕목이다. 하지만 아이들은 공감 능력이 부족하다. 집에서 혼자 게임과 유튜브로 잘 놀 수 있는 세대가 되었다. 부모들과 정서적 교감이 부재한 경우가 많고, 잔인한 영상매체의 난립으로 타인에게 수위를 넘는 행동을 가하는 것을 쉽게 접하게 된다. 이러한 영향으로 인해 타인의 입장에 대한 배려를 생각하지 못한 채 아무런 거리낌 없이 상처를 입히는 언행을 모방한다. 더 심각한 것은 자신의 감정을 숨기며 자라는 아이들이 많다는 것이다. 상처를 준 아이나 상처를 받은 아이도 모두 감정을 표현하지 않는다. 불의에 무감각해져 버리는 것이다. 하지만 이런 감정을 지금은 숨길 수 있으나 자신을 억압한 대상이 사라지면 다르다. 그동안의 고통이 역으로 자신에게 학습의 결과로 남아 자신보다 약한 자에게 피해를 주거나 억눌렸던 감정을 아무에게나 나타내어 사회에 큰 문제가 될 수 있다. 사회적 문제가 쌓이고 있다. 그 위험성을 아무도 인지하지 않고 넘어가는 것이 무서울 뿐이다. 항상 사회에서 크게 대두되는 사건을 일으킨 사람을 살펴보면 어려서의 행동이 화두가 된다. 수많은 사회적 현상에서 우리는 그 심각성을 깨달아야 한다. 아이들의 공감 능력은 상실의 위기에 놓여 있다. 도덕성의 가장 중요한 덕목인 공감 능력을 아이들에게 가장 먼저 키워주어야 한다. 그렇게 되면 도덕성의 나머지 항목들도 자연스럽게 어우러져 갈 것이다.

 우리는 무인도에서 생활하지 않는다. 아침에 일어나 눈을 뜨면서부터 다양한 조직 속에서 규율과 규칙을 준수하며 함께 생활한다. 타인과 함께 살아간다는 의미임을 알아야 한다. 수많은 관계 속에서 만남을 형성하고 그 만남을 의미 있게 보내기 위해서 타인을 공감하고 배려하는 도덕성은 이제 개인의 성공을 이끄는 수단이 될 수밖에 없다. 인간에 대한 이해와 자신을 성찰하고 관리하는 것은 모든 능력과 행복의 바탕이 된다. 자신에 대한 메타인지는 타인과의 관계를 원만하게 할 뿐만 아니라 그런 만남 속에서 자신을 발전시킬 수 있는 재능까지 발견하게 한다. 그러므로 이런 것을 잘 다듬어 각자의 잠재력을 발전시키는 바탕이 되어야 한다. 이렇게 다듬어진 잠재력은 개인의 성장과 발전을 가져오며 행운의 기운까지 몰고 와 성공을 체험하게 하는 성공의 열쇠가 된다.

　이제 고전으로 돌아갈 필요가 있다. 4차산업혁명으로 모든 것이 최첨단 시대가 되면서 인간의 감성은 더 메말라 가고 인성은 사라져 가고 있다. 이때 우리는 다시 고전으로 돌아가 도덕성을 깨워야 한다. 하이테크의 산업에 다시 인간의 감성이 필요한 시대로 접어들고 있다. 고도의 기술이 도입될수록 인간적이고 따뜻함을 추구하는 시대가 도래하는 것이다. 그래서 하이터치, 즉 기술과 감성의 조합적인 개념이 나타나고 있다. 이제는 도덕과 인성이 미래를 열어가는 세상이 되어야 한다.

　인생의 목적은 올바른 도덕과 인성으로 바르게 사는 것이라 말할 수 있다. 무작정 행운을 기다리면 행운은 오지 않는다. 각자 행운을 받을 사람이 되어야 행운의 여신이 찾아온다. 타인을 공감하고 배려하는 능력은 행복을 알게 하고 각자의 잠재력을 발전시켜 성장하게 하는 원동력이 된다. 우리의 인격이 이런 바탕으로 이루어진다면 행복 속에 있는 행운을 찾을 수 있을 것이다.

FOCUS ON YOURSELF

2강

너에게 집중하라

FOCUS ON YOURSELF

꿈꾸는 사람

> 당신의 꿈은 무엇인가?

자신의 재능을 아는 사람은 극히 드물다. 재능은 어떤 일을 하는 데 필요한 재주 또는 능력을 말한다. 이것은 선천적으로 타고나는 경우가 있거나 후천적인 훈련으로 획득되는 경우를 아우른다. 2002월드컵에서 주목받기 시작하여 최전성기에는 바르셀로나의 에이스로 활약했던 브라질의 전 축구선수 호나우지뉴는 13세 때 지역 팀과의 경기에서 23골을 넣으면서 언론의 주목을 받고 브라질의 프로 축구팀인 그레미우와 계약을 했다. 그는 어린 나이에 두각을 나타낸 선천적인 능력을 소지한 선수였다. 그의 타고난 능력은 선천적으로 주위를 살필 수 있는 넓은 시야와 공이 잘 붙는 통뼈에 일자 발등으로 자신만의 기술을 만든 능력이 있었다. 그의 이런 자질은 다른 이들이 모방할 수 없는 타고난 재주와 능력이었다. 반면에 2002년 우리나라 월드컵의 주역이었던 박지성은 다르다. 어려서부터 축구를 무척 좋아하였으나 작은 키와 작은 몸집의 신체적 여건은 항상 그에게 단점이었다. 그러한 신체적 조건을 극복하기 위해 누구보다 더 열심히 연습했다. 그런 혹독한 훈련은 그에게 뛰어난 체력을 주었으며 프로의식과 강인한 지구력을 가지게 했다. 그로 인해 그는 폐를 3개 가진 'Three-Lungs Park'라는 별명을 얻게 되었다. 그렇다. 박지성은 후천적인 훈련으로 능력을 획득한 대표적 인물이다. 하지만 이들의 모습과 달리 안타깝게도 사람들은 자신의 선천적 재능을 발견하는 것이 힘들다. 그리고 자신이 선택한 후천적인 능력 또한 연마할 줄 모른다. 하루하루 일상을 보낼 뿐이다. 그래서 세상에서 성공하고 행복한 삶을 사는 사람은 극히 일부이다. 그러나 우리는 누구나 성공 요인을 가지고 있다. 하지만 그것을 발견하지 못하여 사용하지 않을 뿐이다.

이제는 자신이 가지고 있는 성공 인자를 찾아야 한다. 4차산업혁명이 주를 이루는 시대로 달려가고 있다. 4차산업혁명의 시대에는 인공지능이 산업의 여러 분야에서 활성화된다. 일반적인 저장 데이터를 활용하여 단순히 피드백되는 수준의 인공지능에서부터 엄청나게 많은 양의 데이터를 인공 신경망을 통해 학습시키는 기계

학습의 시대로 변하고 있다. 즉 인공지능이 기계학습을 통해 스스로 생각하고 처리하는 시대가 도래된다는 것이다. 이런 시대를 잘 대처하여 인간의 경제적 수단을 잃지 않기 위해서는 자신의 재능 발견이 필수이다. 생각 없이 세상에 뛰어들어 적당한 일자리를 찾아가는 시대는 사라지고 있다. 학습이 잘된 AI에게 생각 없이 뛰어든 사람은 경쟁상대가 될 수 없는 시대로 접어들고 있기 때문이다. 자신의 재능을 발견하여 그것을 연마시키는 작업이 중요하다. 기계와의 경쟁에서 기계를 다루고 이용하는 것은 인간의 능력이며, 그 분야는 여러 측면에서 이루어질 것이다. 이때 자신의 재능을 잘 알고 있는 사람은 적정 분야에서 지속적인 능력을 발휘할 수 있을 것이다. 이제 자신에게 집중해야 한다. 자신이 관심 있으며 잘하는 것이 무엇인지 파악하고 몰입해야 한다. 시대의 유망 직업을 좇아가는 시대는 끝났다. 자기 안에 답이 있다. 일반적인 표현으로 의사나 판사 등을 예를 들자면 돈을 많이 벌 수 있다는 생각에 공부를 잘하는 아이들이 그곳으로 많이 뛰어든다. 하지만 미래에는 수술 로봇이 나타나고 환자가 원격 진료를 받는 세상으로 접어들면서 의사들의 역할에 많은 변화가 올 것이다. 그때는 인간의 생명과 질병 치유에 근원적인 관심이 있는 사람을 필요로 할 것이며 의사의 능력이 수술 로봇을 관리, 제어할 수 있는 능력까지 필요로 하는 시대가 될 것이다. 앞으로의 직업은 유망 직업을 좇아가는 것이 아니라 자기에게 집중하고 자신이 잘하는 것, 좋아하는 것을 발견했을 때 미래의 흐름에 뒤처지지 않으며 부와 명예를 덤으로 얻게 된다. 일상의 행복과 불행은 자신을 찾아 지키는 것에 달렸다. 미래에는 수많은 변화가 있을 것이다. 시대의 변화 속에 자신을 잃지 않는 능력이 필요하다. 축구선수에게 넓은 시야가 필요하듯이 이제 우리에게도 변화하는 미래에 자신을 지킬 수 있는 넓은 시야가 필요하다. 그 속에서 자신의 꿈을 찾아야 한다.

재능 발견은 어떻게?

그렇다면 자신이 잘하는 것, 즉 재능은 어떻게 발견해야 할까? 그 발견에서 중요한 것은 무엇일까? 재능 발견의 첫 단추는 자신의 관심 분야를 파악하는 것이다. 그런데 관심 있고 흥미 있는 것은 많지만 하고 싶다고 모든 것을 다 할 수 있는 것은 아니므로 자기 자신의 관찰과 집중이 필요하다. 누구나 자신이 갖지 못한 부분이나 상대적 욕구로 인해 현실보다 더 나은 것을 추구한다. 하지만 욕심이나 욕망이 아니라 자신이 현재 남들과 다른 자신을 발견하고 그것을 더 나은 위치로 끌어올리려 할 때 자신의 재능은 빛을 발하게 된다. 자신을 돌아보고 자신에게 집중하여 그 분야를 찾아야 한다.

아이들에게는 부모의 관찰과 집중이 일차적으로 중요한 요소이다. 부모는 누구보다 자녀에 대하여 많은 부분을 접하고 느낄 수 있는 조건을 가지고 있으며 아이들 행동의 인과를 잘 파악할 수 있기 때문이다. 그러므로 아이들 재능 발견의 중요한 인자를 부모는 가지고 있다. 하지만 이것도 나이와 환경의 영향을 받는다. 대부분 아이를 24시간 밀착해서 접할 수 있는 유아기와 아동기에는 적절한 표현이다. 하지만 우리나라의 특성상 아이들이 청소년기에 접어들면 학교와 학원에서 보내는 시간이 많다 보니 부모가 아이를 관찰할 기회와 빈도가 줄 수밖에 없다. 이때는 아이들과 많은 대화를 통해 관찰해야 한다. 그 속에서 자녀의 말 한마디와 행동을 주의 깊게 살필 필요가 있다. 청소년기에는 아동기의 자녀 모습과 다른 양상을 나타내기 때문이다. 이때에는 아이들에게 다양한 경험의 기회를 넓혀주어 아이의 흥미도를 파악하는 것이 중요하다. 그런데 흥미는 자신의 재능과 일치할 때 나타날 수 있지만 새롭고 신기한 경험일 때 나타나기도 한다. 새로운 것에 관심과 흥미를 보이는 것은 아이들의 특징이다. 그렇다면 여기서 나타나는 흥미도를 과연 아이들의 재능이라고 말할 수 있을까? 우리는 그것이 적절한 재능이라면 지속적인 학습으로 그것을 연마하게 하는 것이 맞다. 하지만 그전에 적절한 재능인지 단순 호기심인지 충분히 검증되어야 한다. 자신의 재능이 아니라면 지속하여 그것을 할 수 없으며, 중간에 힘든 상황이 생겼을 때 분명히 포기하거나 다른 흥미 거리를 찾을 것이기 때문이다. 이때 우리는 재능 발견 시스템의 도움이 필요하다. 현재 전 세계적으로 사용되는 것은 공신력 있고 변별력 있는 다중지능검사이다. 강점지능으로 재능 발견을 할 수 있다.

　이런 재능 발견은 왜 중요할까? 삶의 궁극적인 목적을 추구할 수 있기 때문이다. 사람마다 삶에서 추구하고 꿈꾸는 이상은 모두 행복이라는 추상적 개념을 현실 속의 부와 명예나 또 다른 자아실현 등의 형태로 구체화하려 한다. 그래서 삶의 최종 지향점은 모두 행복이라고 할 수 있다. 행복은 맛있는 것을 먹거나 여행을 하거나 무엇이든 하고픈 것을 쉽게 할 수 있게 하는 경제적인 여유에서 생긴다. 이러한 경제적인 여유는 자신의 재능이 특화될 때 생긴다. 좋아 보이는 타인의 삶을 좇아가거나 흥미만 추구하는 삶은 자신의 삶에 주인공이 되지 못한다. 자신에게 집중하여 자기 자신을 파악하고 추구하는 것을 이루었을 때 자신의 삶에 주인공이 될 수 있다. 이럴 때 느끼는 행복은 일상생활에서 수시로 느끼는 만족감, 편안함에서 오는 순간의 행복일 뿐 아니라 지속적인 행복을 준다. 이것은 우리가 자아실현이나 이타실현을 했을 때 나타난다. 이 둘은 대부분 같이 이루어진다. 자아실현은 각자의 타고난 능력을 스스로 찾아내어 충분히 계발하고 발휘하여 목적을 이루는 것을 의미한다. 그렇다. 꿈을 이루는 것이다. 그리고 이러한 자아실현으로 이루어진 경제적 능력이나 재능을 타인에게 베푸는 이타적 실현이 되었을 때 우리는 일상의 개인적 행복만이 아니라 타인을 위해 행복을 베풀 수 있다. 그럴 때 자신의 삶이 소중하고 가치 있음을 깨닫는다. 이것이 바로 완전한 행복, 지속적인 행복의 틀을 갖춘 것이다. 한번 완성한 재능은 사라지지 않고 그로 말미암아 베푸는 사회적 기여는 마르지 않는 샘물과 같다. 실제 사회에서 잘 알려진 유재석, 아이유, 손흥민, 엄홍길 등 자신만의 특정 분야에서 성공한 사람을 보면 한없이 행복해 보인다. 이들은 각자의 재능을 발휘하여 성공하였으므로 그 재능이 자산이 되고 사라지지 않는 능력이 되었다. 그로 인해 만들어지는 경제력은 끝없이 이어지므로 지속적인 행복을 유지할 수 있는 바탕이 되었다. 그런데 이들의 성공 뒤를 살펴보면 모두 각자의 잠재력을 성공으로 이끈 공통점이 있다. 그들은 각자의 재능을 발견하여 꿈을 이룬 것이다. 그리고 인성과 자기관리 능력이 우수하다. 여기서 우리는 성공과 인성, 성공과 자기관리 능력의 상관관계를 재인식할 수 있다. 하지만 그들의 직업이 모두 다르다는 차이점이 있다. 이것은 중요한 부분이다. 그렇다. 이 사람들은 모두 서로 다른 분야에서 자신의 재능을 발견했으며 그것을 계발하고 발전시켜 그 분야의 최고가 된 것이다. 행복의 열쇠는 여기에 있다. 아이유나 손흥민처럼 우리도 모두 각자 자기만이 가지고 있는 재능을 찾아야 한다. 그러나 우리는 자신의 재능이 무엇인지 모른다. 아이들도 자신의 재능을 잘 모른다. 아이를 관찰하고 살필 여유가 없는 부모들조차도 자녀의 재능을 모른다. 그래서 이제 재능 발견의 방법을 찾아야 한다.

 재능은 무엇인가? 사람마다 가지고 있는 잠재력이다. 옛 어른들이 말씀하셨던 "자기 밥그릇 자기가 타고 난다."는 이야기와 일맥상

통한다. 예전에는 이 밥그릇의 의미를 '먹고살 수 있을 정도'로만 파악했다. 그래서 밥그릇은 굶어 죽지 않을 정도가 된다는 의미가 강했다. 그때는 자신의 재능과 상관없이 밥그릇의 크기가 경제력을 결정짓고 누구나 어느 정도의 능력을 소유함을 의미했다. 그러다 보니 현대에도 자신의 재능과 무관한 일을 하며 살아가는 사람이 많다. 하지만 이제는 그 의미가 변하고 있다. 각자 태어날 때 가진 밥그릇이 어떤 모양인지 알 수 있는 세상이 된 것이다. 그래서 자신이 가진 밥그릇의 모양을 잘 파악하여 꾸준히 계발하고 발전시키면 자신만의 성공을 이룰 수 있다. 이 밥그릇의 모양이 강점지능이다. 사람은 모두 각자의 강점지능이 존재한다. 그러나 자신의 강점지능을 제대로 인식하는 사람은 얼마 되지 않는다. 그래서 성공한 사람의 빈도는 낮다. 이제 우리는 각자의 영역에서 강점지능인 재능을 발견해야 한다.

그렇다면 강점지능이란 무엇인가? 좀 더 자세히 살펴보자. 인간에게는 다양한 지능이 존재한다. 다양한 지능 가운데 각자의 재능을 대표하는 숨겨진 지능 이것이 강점지능이다. 강점지능은 인간이 가지고 있는 8가지 지능 가운데 자신을 이끌 수 있는 가장 우수한 지능이다. 이것은 여러 분야에서 민감성이 가장 뛰어나고 흥미도가 높다. 그래서 각자의 강점지능과 관련된 분야의 일을 하면 쉽고 **빠**르게 이해하고 재미있게 접해갈 수 있어서 전문가의 단계로 자연스럽게 넘어간다. 빠른 민감성과 흥미도는 그 분야에서 시냅스[1] 형성을 원활하게 하여 다른 이들과 비교할 수 없는 차별화를 시킨다. 신경섬유의 말단에서 가지가 나누어지고 그 끝은 주머니 모양으로 부풀어 다른 뉴런의 세포체 혹은 가지돌기와 접촉하여 시냅스를 만든다. 실제 한 가닥의 신경섬유는 수많은 가지로 나뉘어 많은 뉴런과 시냅스를 만들어 낸다. 이런 신경섬유의 활동이 한 분야의 내용이 성장하고 성숙하여 발전적인 단계로 나아가게 한다. 다른 이들이 따라오지 못할 만큼 전문가 수준으로 이끄는 것이다. 이것이 자신의 타고난 소질과 적성인 강점지능을 발견하고 발휘해야 하는 목적이다.

재능은 멀리 있지 않다. 우리의 두뇌 속에 존재한다. 우리 모두 자신에게 집중하여 자신만이 가지고 있는 재능을 찾아보면 어떨까?

---

1) 시냅스: 두산백과 두피디아의 개념

2강 | 너에게 집중하라

하고 싶다고 모든 것을 할 수 있는 것은 아니다

하고 싶다고 해서 모든 것을 할 수 있는 것은 아니다. 무엇인가를 이루기 위해서는 자신을 관리하는 능력이 필요하기 때문이다. 우리는 대부분 하고 싶은 것과 별개의 삶을 살고 있다. 자신이 하고 싶은 것과 잠재적 능력이 일치한다면 너무 좋을 것이다. 하지만 현실은 자신의 능력과 무관한 일을 하며 사는 사람이 더 많다. 그래서 항상 자신의 직업에 대하여 이직을 생각하는 사람이 자신의 직업에 만족하는 사람보다 항상 많은 비중을 차지한다. 심지어 요즈음에는 평생직장의 개념 또한 사라지고 있다. 젊은 층들은 이직을 언제나 당연하게 생각하며 직장을 다니고 있다. 그런데 자신의 잠재적 능력과 하고 싶은 일이 일치하는 사람들은 이직을 꿈꾸기보다 그들의 직업에 만족해하며 그 영역에서 다른 무엇인가를 만들어 내며 행복한 삶을 영위한다. 여기서도 알 수 있다. 행복의 첫 단추가 잠재적 능력의 발견이라는 것을. 그러면 잠재적 능력을 발견하면 모두가 성공할 수 있는가? 그것은 아니다. 이 능력을 성공으로 끌고 가는 요인이 필요하기 때문이다. 그것은 바로 자기관리능력이다.

자기관리능력은 자기 자신에 대한 객관적 이해와 지식을 바탕으로 올바르게 행동할 수 있으며 목표를 설정하여 추구하는 능력을 의미한다. 자기 자신에 대한 이해와 파악을 잘하므로 자기 지식 수준이 높다. 이들은 타인의 감정 범위를 구별해 내어 조절하는 효율적인 감정 조절력 또한 뛰어나다. 자기 자신에 대한 이해의 범위가 타인을 이해하는 것으로 확장되어 나타나기 때문이다. 그러므로 다른 사람의 감정을 읽어내어 관계를 형성하는 능력을 보인다. 이렇게 형성된 자신과 타인의 이해도가 인간관계를 비롯한 사회 여러 문제에 있어서 발생하는 문제해결력을 높여준다. 문제라는 것은 답이 존재하기 마련이다. 침착하게 상황을 분석하여 문제의 원인을 파악하게 되면 해결의 실마리를 발견하게 된다. 여러 면에서 논리적으로 하나씩 접근하여 해결할 수 있는 것이 자기관리 능력이므로 모든 면에서 효율적인 삶을 살아가게 하는 원동력이 된다. 또 이 능력이 뛰어나면 자아 존중감이 높아져 자기 향상 욕구가 강해지고 목표의식이 생긴다. 그 목표를 이루기 위해 전장의 장수처럼 전략을 세우고 전술적인 계획을 짜게 된다. 전쟁터로 출전하는 원수의 강한 의지가 그 계획을 실천하듯이 어려운 상황 속에서 위기 대처 능력을 발휘함으로 인해 한 단계씩 발전하는 모습을 보인다. 그 발전이 모여 더 큰 목표를 세우게 되고 그것을 실천하기 위해 자신을 잘 관리하게 되는 순환구조가 된다. 이런 과정에서 다른 사람이 따라오지 못할 능력을 발휘하여 성공하게 되는 것이다.

한 그루의 나무가 있다고 생각을 해보자. 이 나무가 생존하기 위해 원초적으로 필요한 요인이 무엇일까? 양분, 광합성, 물 등 많은 것을 이야기할 것이다. 이런 것은 과학적인 원리이다. 그러한 이론을 적용하기 전에 원초적으로 필요한 것은 나무의 뿌리이다. 뿌리가 없다면 생존 자체가 안 될 것이기 때문이다. 자기관리능력이 우리에게 있어서 나무의 뿌리와 같은 역할을 한다. 나무의 뿌리가 한 그루의 나무를 생존하게 하듯이 자기관리 능력이 잘 다듬어져야 개별적 자아와 재능이 조화를 이루며 발전할 수 있다. 여기에는 사람이 살면서 힘들거나 어려운 문제에 부딪혔을 때 쓰러지거나 포기하지 않고 문제를 해결하여 성공으로 이끌 요인이 풍부하기 때문이다. 그런데 아쉽게도 이 능력이 잘 갖추어진 사람은 극히 드물다. 즉 성공한 사람들의 수는 적은 것이다. 실제 사회 속에서 성공한 사람들의 프로파일을 살펴보면 강점지능과 자기관리능력이 조합적으로 조화를 이루고 있는 것을 볼 수 있다.

인간의 뇌는 생각의 결단을 내리면 행동으로 실행되기 전에 잠재의식에서 알아서 처리한다. 긍정적인 생각의 결단을 먼저 해야 한다. 오늘의 나는 과거의 결단이 내린 결과물이다. 할 수 있다는 마음으로 자신을 관리하는 능력은 무의식의 세계에서 근사한 내일의 나를 만드는 일이다.

삶의 가치관을 정립하라

　삶의 목표인 행복을 일시적 행복이 아니라 지속적인 행복을 유지하기 위해 가치관을 올바르게 정립하는 것이 무엇보다 중요하다. 가치관은 본인이 속해 있는 세계 또는 그 안의 특정 대상에 대한 평가의 근본적인 태도나 관점을 뜻한다. 그래서 옳고 그른 것을 구분하는 잣대로 사용되기도 하며 삶에서 중요하게 생각하는 것을 표현할 때 이 단어를 사용한다. 그 이유로 가치관은 다양한 형태로 표출되며 이러한 다양성 때문에 하나로 나타나기는 힘들다. 하지만 개인의 특성이나 이념을 뛰어넘어 사회 전체를 생각하는 올바른 가치관은 기본적인 공통의 가치관이므로 이것의 정립은 무엇보다 중요하다.

　미국의 버지니아공대 홍원서 교수는 혼자 외롭고 힘든 로봇 제작의 길로 뛰어들었을 때 지하실의 조그만 자리에서 대학원생 두 명을 데리고 로봇 실험을 하였다. 아무도 알아주지 않는 힘든 길이었다. 하지만 자신의 신념을 믿고 끝까지 추진한 결과 결국 대학에서 가장 큰 연구실을 가지게 되었으며 무인 기술 분야 미국 3대 연구실을 만들었다. 다양한 영역에서 인정받는 사람이 된 것이다. 보통 결과만을 두고 볼 때 홍원서 교수의 모습은 부러운 일이고 감탄할 만한 일이다. 그러나 아무나 할 수 있는 일은 아니다. 그렇지만 그는 묵묵히 해냈고 성공이라는 단어를 한순간에 거머쥐었다. 모든 것은 순간이다. 이렇게 세상의 주역이 되는 것은 순간에 이루어진다. 그러나 그 결과에 이르기까지 수없이 힘든 과정이 있었을 것이다. 마침내 힘든 과정을 이겨내는 사람은 성공을 이룬다. 무엇이 그 과정을 이겨낼 수 있게 했을까? 왜 그럴까? 그 답은 그의 인터뷰 내용을 통해 알 수 있다.[2]

홍원서 교수는 말했다.

"자기가 진짜로 좋아하고 원하는 공부를 하면 연구하고 공부하는 게 사실 일이 아니거든요."

"즐기는 취미 활동이기 때문에 잘하게 됩니다."

여기서 우리는 즐기는 것의 힘을 느낄 수 있다. 이 즐기는 활동이 되려면 홍원서 교수의 말처럼 자기가 좋아하는 활동이 되어야 한다. 그렇다. 그것이 곧 잠재적 능력인 것이다. 자신의 잠재적 능력을 알고 그 분야에 관심과 흥미를 보이는 사람은 지칠 줄 모르고 앞으로 나아간다. 오히려 진취적인 생각과 행동으로 힘들고 고단한 과정도 수월하게 이루어 낸다. 그러다 보면 하루아침에 자신이 원하는 결과를 이루게 되고 그로 인한 사회적인 인증은 자연스럽게 그를 포장하게 된다. 옛말에 뛰는 놈 위에 나는 놈 있다고 했는데 이 나는 놈이 자신의 삶을 즐기는 사람인 것이다. 홍원서 교수는 자신의 잠재적 능력을 날아다니며 펼친 것이다.

---

2) ebs 세계를 품다 - 글로벌 성공시대(홍원서 교수)

"아무리 재미있고 그런 것이라도 전혀 사회에 도움이 안 되고 사람들을 도와줄 수 있는 기술이 아니라면 저는 관심이 없어요."

그러면서 그는 연구가 사회에 어떤 영향을 미치는가를 항상 중요하게 생각했다. 홍원서 교수의 가치관은 '사회적 기여 여부'였던 것이다. 아무리 훌륭한 로봇이라도 사회에 필요한 것이 아니면 그에게는 가치가 없었다. 오히려 장애인의 눈을 대신할 만한 로봇을 만들어 그들의 삶의 질을 높이는 것이 사업의 가치는 없어도 사회적 가치가 있기에 그는 그 로봇을 제작한다고 했다. 홍원서 교수의 가치관을 통해 올바른 가치관은 사람을 배신하지 않고 오히려 TOP의 자리로 이끄는 것을 알 수 있다.

가치관의 종류는 많다. 하지만 공익성과 사회적 기여도가 높은 가치관을 가지기는 쉽지 않다. 대부분 개인적인 욕망을 충족하는 가치관을 형성하는 습성을 가지고 있다. 여기서 또 한 번 깨달을 수 있다. 홍원서 교수는 자신이 좋아하는 것이 무엇인지 즉 재능에 대한 발견이 이미 이루어져서 그것을 중심으로 활동을 했으며 그 활동을 사회 속에 발현시킴에 있어서 개인이 아닌 사회적 차원으로 확대된 가치관까지 형성되어 있었다. 그리고 세상을 바라보고 미래를 예측할 수 있는 넓은 시야까지 가지고 있었다. 그런데 이 모든 것이 억지로 형성된 것이 아니라 재능을 발견하면서 하나하나 자연스럽게 형성되어 갔다. 자신에게 집중하고 자신이 좋아하는 것을 발견함으로 시작되었음을 알 수 있다. 이렇게 자신에게 집중하는 것은 자신에게 깊게 숨겨진 보물을 찾을 수 있는 것이다. 우리는 종종 자신에게 집중하여 자기에게로 떠나는 여행을 할 필요가 있다.

스티브 잡스가 생각하는 가치관은 또 달랐다.

"핵심에 있는 것은 우리의 가치관이며 우리가 내리는 결단과 행동은 그 가치관의 거울이다."

스티브 잡스의 남다른 명언 속에 그의 가치관이 있다. 그는 집중과 단순함을 가치관으로 가지고 있었다. 모든 것은 단순함 속에서 해결이 되며 그 단순함은 많은 집중과 노력이 필요하다. 그리고 간단하고 깔끔하게 모든 문제를 정리하고 새로운 아이디를 창출해 내는 것이었다. 그래서 그는 핵심에 있는 것은 자신의 가치관, 철학이라고 했으며 그것을 표현하는 행동이 가치관의 거울이라고 표현한 것이었다. 여기서 우리는 행동으로 표현하는 것의 중요성을 배우게 된다. 스티브 잡스의 이런 가치관이 아니었다면 우리는 애플 제품을 접하지 못했을 것이다. 그것은 정말 단순하면서 세련된 모든 이미지를 다 가지고 있다. 이렇게 올바른 가치관은 자신의 삶을 성공으로 이끄는 또 하나의 요인이다.

앞에서 살펴본 홍원서 교수와 스티브 잡스의 공통점은 집중이다. 재능이 각자 다르고 그것을 이끌고 가는 가치관이 또한 다르다. 하지만 그들이 선택한 일에 집중하여 결과를 만들어 내는 것은 닮았다. 자신의 발견과 실현에 있어서 집중의 중요성을 다시 느끼게 한다.

학교에서 가치관을 주제로 수업을 할 때면 아이들의 표정이 재미있다. 생각지도 못한 가치관들이 쏟아져 나온다. 친구가 좋아서 친구가 중요하다는 가치관, 자연을 좋아해서 자연을 소중히 해야 한다는 생각, 게임이 재미있어서 게임이 제일 좋다는 가치관 등 나름의 이유가 있는 재미있는 발상들이다. 그 와중에 놀라운 것은 '행복'을 가치관의 1순위로 생각하는 아이들이 많다는 것이다. 흔히 '부', '명예' 같은 개념을 가치관으로 추구할 것이라 생각했는데 아이들의 사고는 지극히 건전하고 훌륭했다. 그리고 행복을 가치관으로 생각하는 이유는 너무 단순했다. "행복해야 하니까?"였다. 아이들은 어쩌면 진리를 알고 있는 듯했다. 그런데 행복을 어떻게 추구할 거냐는 질문에 대한 답을 하지 못하는 것이 아쉬웠다. 슬픈 일이었다. 아이들은 삶의 궁극적인 목표가 존재했으나 그것을 추구하는 방법은 모르고 있었다. 이제 우리가 그 방법을 가르쳐 주어야 한다.

2강 | 너에게 집중하라

FOCUS ON YOURSELF

FOCUS ON YOURSELF

3강

인간의 잠재력

FOCUS ON YOURSELF

인간의 지능

지능이란 무엇인가?

대부분 지능이라 하면 IQ를 생각한다. IQ는 프랑스의 알프레드 비네가 주창한 이론인데 그것이 만들어진 배경을 살펴보면 참 의외이다. 공교육을 따라가지 못하는 열등한 아이들을 선별하기 위하여 만들어진 검사였다. 그러므로 검사의 측정 영역이 기억력, 이해력, 추리력, 계산력 등 일부 편협한 내용이 중심이었다. 단순 학습능력에 대한 것으로 말 그대로 공교육을 원활하게 잘 따라가는 아이와 그렇지 못한 아이를 구별하는 능력일 뿐이었다. 그 당시 영국의 교육 방침은 '3R'을 빠른 속도로 할 수 있도록 지도하는 것이었다. 읽기(Reading), 쓰기(Writing) 중심의 교육이 교육적 효율을 높인다는 생각에서 3R을 못하는 아이들을 구별하여 일반 정규과정을 따라가는 집단과 그렇지 못한 집단으로 나누어 교육했다. 이론상으로는 일반 공교육의 정규과정을 이수하는 아이들의 학습능력이 월등하게 향상되는 것이 맞다. 그에 반해 상대적으로 열등한 집단에서도 그에 맞는 3R 과정을 이수함으로써 더 나은 결과를 만들어야 한다. 하지만 현실은 이론과 달랐다. 그 당시 유럽에서 교육적 효율이 가장 낮은 나라가 영국으로 선정되는 아이러니한 결과를 만들었기 때문이다.

그리고 이 지능의 개념이 1차 세계대전 당시에는 미군 모병에 활용되었으며 연합군을 판별할 수 있는 기초능력을 측정하는 도구로 사용되었다. 그 후 전쟁의 종결과 동시에 IQ는 전 세계적으로 퍼지게 되었다. 그 당시에는 사람의 영리함을 직관적 판단에 의존할 수밖에 없었으므로 IQ라는 과학적 도구를 통해 사람의 실제적 또는 잠재적 지능을 측정할 수 있다는 점에서 대단한 것이었다. 하지만 이 지능에는 많은 문제가 있었다. 검사의 결과가 수치화되므로 그 수치가 높으면 똑똑한 사람, 수치가 낮으면 열등한 사람으로 치부되어 지능의 서열화에 따른 부작용을 유발하게 되었다. IQ는 학습능력의 우수한 정도를 알아볼 수 있다. 하지만 사람의 능력이 학교에서 이루어지는 학습능력으로만 판단될 수 없다. 우리의 현실에서 이러한 사례를 종종 접할 수 있다. 공부를 잘하여 우수한 대학을 졸

업했음에도 불구하고 변변한 직장생활을 못 하는 사람을 볼 수 있다. 이러한 현상은 학습능력은 우수하나 다른 부분의 능력이 부족하기 때문이다. 반면에 학창시절 성적이 부진하여 학습능력이 떨어져도 오히려 성인이 되어 사회에서 자신의 능력을 발휘하여 성공과 부를 이루는 사람도 있다. 결론적으로 이 검사만으로는 사회적, 정서적 능력을 측정할 수 없었으며 지능의 서열화에 따른 부작용까지 해결할 수 없었다. 이러한 IQ의 일부 문제점을 해결하기 위해 인간의 정서적 능력 EQ(감정지수)의 영역개발로 평가를 시도했으나 인간의 지적능력은 단순히 IQ, EQ에 의해서 모든 것이 측정될 수 있는 것은 아니었다. 다양한 고민의 결과 1970년 말부터 인간의 다양한 능력을 제대로 평가하고 계발시키려는 노력이 학문적으로 체계화되기 시작하였다. 그 결과 기존의 IQ 및 EQ의 개념을 아우르며 이 지능들의 단점을 극복하는 지능이론이 성립되었다. 그것이 다중지능 이론이다. 다중지능(Multiple Intelligence)은 단일 지능에 대한 비판과 지능에 대한 폭넓은 이해를 바탕으로 미국의 하워드 가드너가 주창했다. 기존의 IQ(학습지능), EQ(정서지능)의 지능에 신체 운동지능, 음악지능, 자기성찰 지능, 등 8가지 영역으로 지적능력에 대한 폭넓은 이해가 이루어졌다. 놀라운 일이다. 지능이 학습능력이 우수한 사람만이 가지는 것이 아니라 몸을 잘 쓰는 사람도 지능이 우수하다고 평가되는 시대가 온 것이다. 성적이 부진해도 자기의 우수한 지능은 존재하는 것이다. Multiple, 즉 다양하고 복합적인 지능의 시대로 들어갔음을 알 수 있다. 놀랍고 대단한 결과이다. 이것을 하워드 가드너는 밝혀냈다. 그는 하버드 대학의 교수로 있으면서 25년간 지속해 온 '하버드 프로젝트 제로'의 공동 책임자를 역임하였다. 철학자인 넬슨 수먼은 "우리는 지능에 대해 아무것도 모른다. 그래서 이것을 프로젝트 제로라고 부를 것이다."라고 하며 후원을 하였으며 가드너는 교통사고나 질병으로 두뇌 손상을 입은 사람에게서 나타나는 인지적 문제들을 연구하였다. 가드너는 연구의 폭을 인간의 예술적, 창의적 능력의 발달 과정에 국한하지 않고 더 넓은 범위로 확장하여 연구하였다. 학습영역, 정서 능력, 생활 문제해결 능력 등 종합 능력을 아우르는 다중지능 이론[3]을 주창했다. 그 결과 인간의 뇌에는 각각의 영역이 존재하고 그 영역마다 역할이 다름을 알게 되었다. 이러한 과정을 거쳐서 현재 독립적인 지능으로 구분되는 것이 언어, 논리수학, 음악, 신체 운동, 공간, 인간 친화, 자기성찰, 자연지능 등 8가지이다.

 이제 지능의 의미를 다시 살펴보자. IQ의 지능개념과 달리 다중지능의 지능은 우선 영역이 존재해야 한다. 뇌 손상 환자들을 대상으로 증명된 뇌과학적인 연구 결과이다. 이제 인간의 뇌에서 한 부분을 차지하고 있지 않으면 지능이라고 명명할 수 없다. 그리고 한 사회에서 문화적으로 가치 있는 것을 창조하거나, 문제를 해결할

---

3 다중지능 연구소 〈다중지능 상담사 기본교육과정〉

때 그 문화에서 유용하게 쓰일 수 있는 정보를 처리하는 생물, 심리학적 잠재력을 지능이라고 한다. 즉 지능의 개념을 정리하면 뇌에 존재하는 영역이 있으면서 이것이 사회 속에서 창조적으로 유용하게 발현되는 능력이 지능인 것이다. 예를 들어 뛰어난 운동능력은 사회에서 의미 있는 능력으로 다른 지능과 달리 생리적, 심리적으로 구분되는 작용과 기능을 가지므로 "신체 운동지능"으로 구분된다. 우리는 월드컵이나 축구 경기를 통해 선수들의 우수한 능력에 광분하며 응원과 지지를 아끼지 않는다. 심지어 그들의 모습을 닮아가려고 하는 사람도 있다. 이 신체 운동지능은 충분히 자신의 지능을 사용하였으며 사회에서 의미 있는 능력으로 작용했음을 알 수 있다. 그리고 발전적이고 건전한 인간관계를 형성하여 사회에 공헌할 수 있는 능력 또한 생리적 심리적으로 다른 지능과 구분되기에 "인간 친화 지능"으로 명명된다. 이 지능을 사회에서 발현시킨 대표적인 사람으로 개그맨을 생각할 수 있다. 삭막하고 힘든 일상 속에서 개그맨들이 주는 개그 코드는 일반 사람들에게 쉴 수 있는 생각의 휴식을 준다. 그들의 지능은 외모나 지적능력과 상관없다. 오히려 남들과 다른 신체적 특징이 더 이로울 수도 있다. 사람들에게 개그 코드를 선사할 수 있는 요소가 된다면 이롭기 때문이다. 그래서 우리는 그들을 편안한 관계를 유지할 수 있는 상대로 생각한다. 그런 이유 때문일까? 방송 매체에서 입담 있게 프로그램을 운영하는 사람은 보통 개그맨들이 차지하고 있다. 그것이 인간 친화 지능이 주는 마력의 힘이다. 여기에 예전의 IQ(학습능력)는 중요하지 않다. 이렇게 다중지능은 인간의 지적능력에 대한 폭넓은 이해를 가능하게 했다. 음악지능에서 노래를 잘하면 음악지능이 우수한 가수로 인정받을 뿐만 아니라 음악에서 필요한 작곡이나, 작사를 잘해도 우수한 지능으로 그 사람의 능력을 인정한다. 음악이라는 하나의 지능에서도 다양한 능력이 존재하며 이제는 그 모든 것이 각각의 지능으로 인정되는 것이다. 그래서 다중지능은 현대에서 자신의 능력을 표현하기 위해 가장 중요한 요인이 되었다.

이제 우리의 능력을 학습지능과 관련된 편협한 지능에서 찾을 필요가 없다. 학습의 능력이 뛰어난 사람은 그 분야에서 자신의 능력을 발휘하여 자신에게 적합한 것을 찾으면 된다. 하지만 학습의 지능이 모두 뛰어나게 좋은 것은 아니다. 이제는 학습지능이 부족하다고 상대를 무시하거나 상대의 자존감을 떨어뜨리는 언행을 해서는 안 된다. 그들에게도 보이지 않는 큰 능력들이 존재하기 때문이다. 단지 자신의 능력을 발견하지 못하였을 뿐이다. 또는 자신이 잘하는 것이 있음에도 불구하고 그것이 자신의 능력임을 제대로 인식하지 못하는 경우가 있다. 망설일 필요 없이 자신이 잘하는 분야에서 능력을 발휘하면 된다. 무엇을 잘하는지 찾기를 바란다. 오늘날은 그들이 좋아하고 잘하는 능력을 발견하여 그에 맞는 직업군을 이루어야 한다. 행복은 멀리 있는 것이 아니다. 자기에게 집중할 때 자신이 발견하고 선택한 능력이 가져다줄 것이다. 그 능력은 누구에게나 존재하며 각자가 연마하는 정도에 따라 빛을 발한다. 자신이 가진 능력을 찾아 떠나는 것에서부터 연마하는 과정에 이르기까지 충분한 행복감을 느낄 수 있다. 그리고 그 능력의 빛이 최고에 달했을 때는 누구나 부러워하는 지속적인 행복을 이루게 된다.

두뇌 속에 숨어 있는 비밀

인간의 뇌에는 8가지 지능이 존재한다

인간의 뇌에는 뇌과학 연구를 통해 현재 8가지 지능이 존재한다는 것이 밝혀졌다. 폭넓은 시야에서 자신을 파악하고 세상을 바라볼 수 있게 되었으며 학습능력과 같은 특정 영역의 지능이 우수하다는 형태의 다소 편향적인 사고에서 벗어나게 되었다. 8가지 지능 속에는 사람마다 가지고 있는 잠재적 재능이 존재한다. 이제 자신의 재능에 집중하는 사람이 필요하다.

언어지능은 언어의 여러 상징체계를 빠르게 배우고 그와 관련된 문제를 해결할 수 있는 능력을 의미한다. 언어와 관련된 상징체계들을 창조할 수 있는 능력도 소유한다. 이 지능이 우수한 사람은 자기의 생각을 언어로 잘 표현하며 언어와 관련된 기억력 또한 탁월하다. 이들은 말이나 글로써 자신의 능력을 나타내는 직업 활동을 많이 한다. 아나운서나 작가들을 떠올릴 수 있다.

논리수학 지능은 숫자를 잘 활용할 수 있으며 수학이나 사회현상을 탐구하면서 연역적 방법, 귀납적 방법과 같은 논리적 추론을 통해 규칙이나 법칙을 발견하고 체계화하는 능력이 뛰어나다. 그래서 모든 학문의 기초가 되는 능력이다. 아인슈타인이나 장영실 같은 사람들은 수많은 논리적 추론을 통해 상대성 이론, 자격루와 같은 업적을 남겼음을 알 수 있다.

공간지능은 공간적 세계를 정확하게 인식하고 바꿀 수 있는 능력을 의미한다. 색감을 활용하여 자기의 생각을 표현하는 화가나 집을 설계하여 하나의 건축물을 완성하는 이들의 모습은 많은 이들을 놀라게 한다. 물건을 잘 정리·정돈하거나 창의적으로 배치하는 것을 잘하는 사람도 공간에 대한 인식이 뛰어난 사람이다. 이들은 낯선 길을 잘 찾는 능력도 뛰어나다.

신체 운동지능은 신체를 이용하여 생각이나 감정을 표현하는 능력이다. 신체를 활용하는 춤 동작이나 운동을 쉽게 익히고 창조하는 능력이 뛰어나다. 요즘에는 춤을 잘 추는 것으로 자신의 재능을 발휘하여 행복한 삶을 사는 사람을 쉽게 접할 수 있다. 몸으로 자기의 내면세계를 보여주는 연기자의 뛰어난 재능도 신체 운동지능의 주요한 한 부분이다. 유명한 축구선수인 손흥민이나 연예인 등이 모두 신체 운동지능이 뛰어난 사람이다. 이제 이 지능은 현대에서 가장 희망하는 지능으로 이 지능을 활용한 직업은 인기 있는 직업으로 관심을 받고 있다.

음악지능은 가락이나 소리에 민감하고 그러한 상징체계들을 이용하여 노래를 부르거나 악기를 다루는 형태로 창조할 수 있는 능력을 의미한다. 새로운 곡을 창작하거나 감상하는 능력이 남들과 달라 쉽게 표현할 수 있다. 노래를 잘하는 것 또한 많은 이들이 부러워하는 지능이 되었다. 가창력이 직업이 되고 새로운 문화를 창출하는 형태로 바꿔놓을 만큼 인정받는 지능이 되었다. 실제 아이돌 가수들의 K팝 문화는 우리나라의 문화를 전 세계에 알리는 것뿐만 아니라 보급하는 역할 또한 하고 있다. 이제 아이들의 노래 실력을 관찰하여 지원해 주는 시대가 되었다.

자연지능은 동물, 식물, 광물을 포함한 자연에 대한 흥미와 관심을 보이는 영역이다. 환경에 대한 관심이 많으며 그 속에서 최상의 것을 얻어내기 위하여 자연을 관찰하고 연구하며 탐구하는 능력이다. 이 영역은 유전공학을 연구하는 것을 비롯하여 우주의 천체와 지구, 우주에 존재하는 광물에 이르기까지 그 범위 또한 광범위하다. 그리고 우리의 식생활을 책임지는 요리연구가를 비롯하여 음식을 잘하는 사람들은 자연지능이 뛰어나다. 동, 식물에 대한 흥미와 뛰어난 관심이 그 재료들을 활용하여 맛을 발견하고 조리하여 음식의 결과물을 만들어 내기 때문이다.

자기성찰 지능은 자신에 대한 객관적 이해 및 지식에 기초하여 행동을 잘할 수 있는 능력을 의미한다. 자기 자신을 느끼고 인지하는 것을 바탕으로 자신의 감정이 가지는 범위와 그 종류를 구별할 줄 아는 능력이다. 자신을 이해하고 욕망, 두려움 등의 감정을 잘 다룰 수 있으므로 자신과 관련된 문제에 부딪혔을 때 자신의 감정 상태를 자각하여 스스로 문제점을 찾고 해결해 내는 능력이다. 그래서 이 지능이 뛰어나면 효율적인 삶을 살아갈 수 있는 잠재력이 충분하다. 실제 다중지능의 8가지 지능에서 사람마다 가지는 강점 지능을 성공으로 이끌 수 있는 지능이 자기성찰 지능이다. 이 지능의 발달은 자신의 재능을 성공시키기 위한 필요충분조건이 된다.

인간 친화 지능은 타인이 가지는 기분, 의도, 동기, 감정 등을 지각하고 구분할 수 있는 능력을 의미한다. 타인에 대한 이해도가 높아 대인관계를 잘 이끌어 가는 사람들의 능력이다. 이 지능이 뛰어난 사람은 실제 리더십이 우수하다. 사교성이 좋으며 타인의 기분, 감정을 잘 살펴서 타인을 이해하는 능력이 있다. 인간은 혼자서 살아갈 수 없으므로 타인을 이해하는 인간 친화 지능은 사회 속에서 꼭 필요한 지능이다. 사람들이 개인주의화되는 경향으로 타인을 이해하고 배려하는 것이 소홀해지고 있는 현대에서 꼭 필요한 지능이다. 자기성찰 지능과 더불어 8가지 지능의 주춧돌과 같은 역할을 하는 기본 인성지능이다.

우리의 뇌는 이렇게 다양한 잠재적 재능을 가지고 있다. 우리가 상상하고 이루고자 하면 무엇이든지 이룰 수 있다. 인간은 자기 뇌의 99%를 사용하지도 못하고 죽는다는 말이 있다. 그것은 자신의 뇌 속에 잠재된 재능을 발견하지 못하고 활용하지 않은 결과이다. 그리고 무엇보다 사람들은 자신의 뇌에 존재하는 가치 있는 놀라운 힘을 모른다는 것이 문제이다. 이 무지는 뇌의 놀랍고 무한한 능력을 믿지 못하는 것과 연관된다. 실제 진로로 가장 큰 고민을 하는 교육의 현장에서도 아이들의 진로를 설정하는 다양한 검사를 비롯하여 체험 수업을 한다. 하지만 안타까운 것은 그 아이들의 뇌 속에 존재하는 잠재적 재능의 발견이 아니라 현시대에 존재하는 다양한 직업을 체험함으로 인해 그 속에서 아이들의 흥미를 유발하는 것에 초점을 두는 교육이 종종 진행되고 있다는 것이다. 이것은 미래에 사라질 직업군들로 아이들의 미래를 설계하게 하는 아이러니한 현상을 빚어내고 있다.

조앤 K. 롤링은 많은 실패 속에서 가난의 두려움을 느꼈으며 스트레스와 우울증으로 실패한 삶을 살고 있었다. 하지만 그러한 실패가 삶의 밑거름으로 자신을 온전히 파악하는 힘이 되었으며 상상력의 중요성을 알게 하였다. 우리는 수많은 상상력으로 타인을 통제하고 조정하는 데 사용할 수 있을 뿐만 아니라 사람들을 이해하고 공감하는 데 사용할 수도 있으나 많은 이들은 이러한 힘을 활용하지 않는다. 하지만 그녀는 이러한 상상의 힘을 활용하여 그녀의 실패를 극복할 수 있었을 뿐 아니라 《해리 포터》라는 시대의 명작을 남길 수 있었다. 그녀의 실패를 딛고 일어난 상상력의 중요성은 많은 이들에게 본보기가 되고 있다.

우리가 내적으로 성취하는 것이 실제 더 나은 세상을 바꿀 힘이다. 내적 성취는 조앤 K. 롤링의 상상력의 힘과 일맥상통한다. 이것은 결국 우리의 뇌에서 일어나는 의식의 자락들이다. 이제 우리의 뇌 속에 존재하는 무한한 힘을 믿고 잠재해 있는 재능을 발견하는 것에 집중해야 한다. 이 집중은 개인의 편안과 성공을 넘어 사회와 연결하여 미래를 열어주고 세계와 함께 모두가 어우러지는 행복을 느낄 수 있게 한다.

이제는 지능의 새로운 패러다임이 열리고 있다. 학습능력보다 다양한 영역에서 각자의 개성과 재능을 발휘하여 사회적인 성공을 이루는 사람들이 많아지고 있다. 실제 노래를 잘 불러 자신의 삶을 성공으로 이끈 사람들이 너무나 많다. 힘들게 기업을 경영하지 않아도 걸어 다니는 기업가의 재력을 소유하며 사회에 기부하는 형태의 다양한 사회적 책임을 이행하며 행복해하는 사람들을 우리는 방송 매체를 통해 쉽게 접할 수 있다. 또 뛰어난 운동 실력으로 전 세계의 스타가 되어 안정적이며 행복한 삶을 사는 사람들의 모습 또한 접할 수 있다. 축구, 야구, 수영, 올림픽 등 여러 형태의 모습들에서 볼 수 있다. 그리고 세계적인 미슐랭 3스타를 받는 식당이 존재하고 우리나라의 K푸드를 알릴 만큼 실력이 우수한 요리사들도 있다. 이처럼 우리의 다양한 지능은 어느 것 하나 빠지는 것 없이 모두 동등하게 소중하다. 그런 모든 것이 이제는 인정받을 수 있는 시대에 살고 있다. 이제 학벌이라는 도구가 아니라도 자신의 재능을 발휘할 수 있는 다양한 영역이 존재한다. 즉 전문화 초 전문화의 시대로 가고 있다. 모두가 각자의 재능으로 전문화의 길을 잘 선택하기를 바란다. 그리고 자신의 능력이 전문화의 길로 접어들면 자신이 스스로 자신의 능력을 키우기 위해 초 전문화의 길을 연구하고 이루어 낸다. 이때 이루어지는 환경은 자신의 필요로 만들어지므로 자신의 재능을 더 계발시키는 조건으로 작용한다. 그리고 그러한 계발은 그 누구도 따라오지 못하는 일인자의 위치로 상승시킨다. 이것이 우리의 뇌가 하는 역할이다. 우리는 누구나 이러한 뇌를 가지고 있다. 이제는 만들어진 환경에서 사회적으로 인정하는 최고의 도구를 좇아가는 것이 아니라 자신의 잠재적 능력을 찾아 계발하는 뇌를 만들 줄 아는 사람이 필요하다. 사회의 흐름을 살펴보면 기업의 총수가 우수한 것은 변화하는 시대의 흐름을 잘 파악하고 그 흐름에 대응하는 능력이 뛰어난 것이다. 변화가 그들에게는 기회가 된 것이다. 이것이 기업가들의 마인드다. 그리고 그 변화에 적합한 도구를 잘 활용할 뿐이다. 이제 자라나는 청소년들에게 학력의 중요성만을 요구하는 것이 아니라 이렇게 사회를 바라보고 읽을 수 있는 시선과 그 변화 속에서 대처하고 기회를 잡을 수 있는 능력을 기를 수 있도록 해야 한다. 일상생활 속에서 나타나는 사소한 불편을 흘려보내지 않고 그 불편을 해결해 보고자 하는 문제해결력을 키울 수 있는 시간이 많이 주어져야 할 것이다. 그러한 과정을 통해 미래를 여는 창의력은 더 확장될 것이기 때문이다.

인간의 지능은 각각의 영역이 존재하는 독립성을 가진다. 하지만 뇌는 여러 신경 전달 물질로 연결되어 있어 독립적인 영역이 서로 교류하여 상호작용 한다. 사람들의 직업군을 살펴보면 한 가지의 지능으로 사회생활을 하는 것이 아니라 두세 가지의 조합지능으로 활동하는 것을 알 수 있다. 작곡가는 노랫말을 만드는 만큼 언어적 표현 능력이 좋으며 노래의 리듬을 살릴 수 있는 음악성이 함께 어우러짐을 알 수 있다. 발레리나도 마찬가지다. 무대에서 자신의 발레 능력을 표현하는 만큼 인간에 대한 이해력이 우수하고 신체 동작을 이용하여 자신이 표현하고자 하는 것을 나타내는 신체 표현 능력이 우수하다. 이처럼 우리는 여러 지능의 조합으로 살아가고 있다. 그러므로 지능은 독립성을 지니지만 서로 상호작용 한다.

사람의 지능은 계속 변한다. 어떤 환경과 경험이 주어지느냐에 따라 지능은 변하고 발달한다. 자신의 지능을 계발하고 발달시키기를 원한다면 그 지능과 관련된 환경을 만들어 주고 지속적인 경험을 할 수 있게 하면 지능은 그 방향으로 변화하고 발달한다. 혼란스럽게 변화하는 현세대의 교육적 패러다임을 잘 헤쳐 나가려면 아이들의 지능을 제대로 파악하여 그에 맞는 교육적 환경을 만들어 줄 필요가 있다. 각자의 뇌 속에 존재하는 잠재적 재능과 적성을 찾아

꿈과 목표를 정하는 교육이 되어야 한다. 조부모의 경제력과 부모의 정보력이 자녀들의 실력이 되는 세상이 아니라 각자 태어나면서 주어진 잠재적 능력을 발휘하여 자기 안의 무한한 내면아와 소통할 수 있는 개체가 되어야 한다. 그러면서 사회와 공감할 수 있는 영역으로 확장 가능한 방법과 인성 함양을 시키는 것이 우리 교육의 나아갈 길이다.

"아이가 국어를 잘하고 수학을 못한다면 당신은 아이의 학원을 어느 쪽으로 보낼 것인가?"

사람은 누구나 8가지 지능을 가진다. 조직에는 조직을 이끄는 리드자가 있듯이 사람의 지능에도 더 뾰족한 대표지능이 있다. 그것이 강점지능이다. 이 지능은 자신의 숨겨진 잠재력인 재능이다. 강점지능은 그 분야에서 반응을 날카롭고 빠르게 하는 민감성을 나타낸다. 그 속에 나타나는 세부 능력 또한 타 영역보다 탁월하여 그 분야에 대한 흥미와 재미를 느끼는 것이 강하다. 그러므로 강점지능을 접하면 쉽고 재미있게 문제를 해결할 수 있으며 새로운 것을 창조하는 능력이 뛰어나다. 강점지능은 각자의 재능이 되는 것이다. 이제 위 질문에 답을 해보자. 그렇다. 위의 아이는 국어 학원을 선택해야 한다. 국어가 아이의 강점이므로 흥미가 있어 쉽고 재미있게 국어의 영역을 탐구할 수 있다. 자신에게 주어진 문제를 해결하는 능력으로 자연스럽게 창의성이 형성되어 누구도 따라오지 못할 만큼의 실력을 갖추게 된다. 그래서 국어 분야에서 탁월함을 나타낸다. 그리고 지능은 독립적이지만 상호작용하므로 다른 지능들도 함께 성장하여 전체적인 학습의 향상을 가져온다. 그런데 만약 수학 학원을 보냈다면 아이는 하기 싫고 힘든 수학을 겨우 따라 하느라 공부의 흥미가 떨어져 잘하고 있던 국어 공부마저도 하기 싫어하게 된다. 마침내 학습의 능력은 더 안 좋은 결과를 만든다. 사람의 지능은 환경과 경험에 의해 발달되는데 이 아이에게는 국어를 강화할 경험과 환경을 만들어 주지 못하였기 때문이다. 그 결과로 아이는 모든 지능이 보편화 되어 자신의 잘하는 강점지능인 재능을 잃게 된다. 여기서 우리는 중요한 것을 알 수 있다. 지능은 강점지능을 강화할 때 자신의 능력을 키울 뿐만 아니라 약점지능까지 보완할 수 있다는 것을 되새겨야 한다. 부족한 것을 우선 강화하는 목적성의 교육이 지속되면 사람들은 자신의 적성이나 흥미에 대한 진지한 고민 없이 주어진 환경에 순응하는 '자아 정체감 폐쇄군'의 삶을 살게 된다. 자아 정체감이 약한 사람들은 현실 순응적인 삶을 살면서 인생에서 위기를 직면하게 되면 자아 정체감이 약해진다. 우리는 많은 선택의 순간에 놓인다. 이를 때 대부분은 자신에게 집중하는 것이 아니라 타인의 시선을 더 의식하여 후회할 선택을 한다. 자신의 꿈을 잃고 사는 것이다. 슬픈 일이다. 이제 선택의 순간이 다가오면 자신에게 집중하여 51%의 성공률만 있다면 믿고 결정을 내려야 한다. 그것이 우리를 행복하게 만들어 줄 것이다.

사람들의 생김새가 다르고 성격이 천차만별인 것처럼 지능 또한 개인마다 독특한 프로파일을 나타낸다. 고 문용린 교수는 사람은 태어날 때부터 소질, 적성, 능력 등 그 사람 고유의 그림이 존재한다고 하였다. 우리는 저마다의 고유한 능력을 안고 태어난다. 단지 그것을 알지 못하여 무한한 잠재력을 발휘하지 못하고 힘들고 재미없는 여정에서 벗어나지 못하는 것이다. 우리는 자신의 프로파일을 찾아서 그에 맞는 환경과 경험으로 각자의 능력을 발달시켜야 한다. 그것은 개개인의 영원한 지적 재산이 되어 평생동안 행복으로 이끌 수 있는 지름길이 된다. 이제 자신들의 잠재력에 궁금증을 안고 개인마다 가지고 있는 프로파일로 행복의 길을 찾아보기를 바란다.

3강 | 인간의 잠재력

성공한 사람들의 특징

성공의 사전적 의미는 목적하는 바를 이루는 것이다. 목적한 바를 이루기만 하면 성공할 수 있다. 참 쉽다. 그런데 줄넘기를 100개 하기는 쉬우나 1,000개 하기는 어렵다. 마을 뒷동산 오르기는 쉬우나 에베레스트산을 등반하는 것은 만만치 않다. 로또를 사는 것은 쉬운 일이나 1%의 확률을 뚫고 1등에 당첨되기는 정말 어렵다. 이렇게 목표를 정하기는 쉬우나 성공하기는 어렵다. 목표의 범위가 사람마다 다르고 힘들기 때문이다. 그러나 이러한 도전은 누군가에게 계속되고 그는 실패를 딛고 재도전을 한다. 성공의 경험보다 실패의 경험이 많아도 성공할 수 있다는 믿음과 의지로 계속 도전을 한다. 드디어 도전을 멈추지 않는 그는 목적한 바를 이룬다. 실패는

앞의 시도에서 겪어보지 못하였던 도전의 문제점을 알 수 있는 자양분이 되었다. 그래서 자신감 있게 재도전을 할 수 있었다. 실패가 의욕을 떨어뜨리는 것이 아니라 단단한 자신감으로 무장하여 재도전을 쉽게 하도록 한 것이다. 그리고 성공을 경험하게 된다. 성공의 기운은 그 사람에게 새로운 공기를 선사하고 그 환경에서 주어지는 경제적 자유의 삶을 영위하게 한다. 이렇게 실패를 두려워하지 않는 도전정신은 성공한 사람들의 첫 번째 특징이다.

한 내과 의사의 성공한 삶의 뒷이야기를 살펴보면 그 또한 도전적인 삶을 살았으며 목표를 이루기 위해 끝없는 노력이 수반된 것을 알 수 있다. 의사의 꿈을 이루기 위해 의과 대학을 진학해야 한다. 의학 공부를 쉼 없이 하고 의과 대학을 졸업하면 바로 의사가 되는 것이 아니라 의사 자격을 얻기 위해 의사 국가고시를 반드시 통과해야 한다. 국가고시에 합격한 후에는 1년간의 인턴 과정에서 다양한 과를 순환하며 실무경험을 쌓는다. 그 이후에는 전공의 과정에서 전문 분야에 대해 심화된 학습과 경험을 쌓게 된다. 그리고 최종적으로 전문의 시험에 합격하여 자격을 취득한다. 쉼 없는 과정과 힘듦의 연속이었다. 하지만 모든 것은 마지막 한순간에 이루어진다. 끝이 보이지 않던 동굴도 포기하지 않고 계속 가면 한 줄기 빛을 볼 수 있듯이 높고 낮음을 떠나 저마다의 목표를 이루기 위하여 포기하지 않으면 한 줄기의 빛을 발견할 수 있다. 그 순간 세상은 달라진다. 힘든 과정 끝에 모든 것을 바꿀 순간은 온다. 모든 것은 순간이다. 순간의 힘이 우리를 어마어마한 곳으로 올려보내는 것이다. 그러나 그 순간의 힘을 느끼기까지의 과정은 힘들다. 하지만 그 과정을 견디고 일어날 때 성숙한 자신의 길을 갈 수 있다. 김연아와 같은 세계적인 선수의 성공 스토리도 다름이 없는 도전의 연속이었다. 목표를 이루기 위해 자신을 끝없이 관리하며 쉼 없는 노력을 하였다. 김연아가 연습 과정에서 발목을 다쳤을 때 물리치료를 받고 쉬지 않은 채 바로 연습을 했다는 유명한 일화가 있다. 자신의 목표설정을 이루기 위해 무섭게 매진한 것이다. 이렇게 성공한 사람들은 도전적인 모습을 잃지 않았으며 목표를 포기하지 않는 일상이었음을 알 수 있다. 그들의 뇌를 살펴보면 재미있는 사실이 또 하나 있다. 그들은 자신의 직업에 적합한 지능과 자기성찰 지능이 조합을 이루고 있다는 것이다. 즉 전공 적합성과 인성지능이 항상 유지되었음을 알 수 있다. 우리는 대부분 자신이 잘하는 것, 태어나면서 주어진 잠재된 능력과 상관없는 일을 하고 있지만 성공한 사람들은 자신의 재능을 확실히 알고 그것을 발휘할 수 있는 방향을 적절히 적용하고 있다. 그리고 그 목표를 위해 성공할 때까지 포기하지 않고 자신을 관리할 수 있는 능력인 인성지능에 속하는 자기관리 능력이 발달되어 있다. 그래서 그들은 넘어져도 일어날 수 있었고 힘들어도 자신을 추스를 수 있었으며 목표지점까지 완주할 수 있었다.

요즘 학생들은 대부분 자기관리 능력이 부족하다. 학교 수업을 들어가서 다중지능검사의 개인 프로파일을 살펴보면 자기성찰 지능이 좋은 아이들은 반에 한두 명 정도 있을 뿐이다. 학생들의 자기관리 능력이 떨어지는 이유는 무엇일까? 부모의 역할이 한몫하는 경우가 많다. 학생들의 일과를 살펴보면 학습능력이 좋은 고등학생임에도 불구하고 부모가 짜준 스케줄대로 움직이는 경우를 보고 그 학생의 미래를 염려한 적이 있다. 학교를 마친 후의 시간을 스스로 관리하는 것이 아니라 부모가 짜준 시간표대로 움직이는 모습에서 인간형 로봇일지도 모른다는 생각을 했다. 심지어 스스로 자신의 의사를 선생님께 직접 얘기하는 것이 아니라 부모에게 자신의 의사를 전달하여 부모가 아이의 의사를 대변하는 상황도 접했다. 그런 학생들의 모습이 생각할 필요 없이 시키는 대로 움직이며 주인이 스위치를 켜주기만을 기다리는 로봇 같았다. 그러다 보니 학생들은 자기를 관리하고 성찰하는 지능이 현저히 떨어질 수밖에 없다. 반대로 학습능력이 부진한 학생들은 학습능력으로 서열화하는 세상에서 자존감을 잃고 무엇을 해야 할지 몰라 자신을 포기하는 경향이 많다. 이들은 또 그렇게 자신을 관리하지 않고 다듬지도 않는 것이다. 이렇게 요즘 학생들은 여러 형태로 자기관리 능력을 상실해 가고 있다. 하지만 타인과 어울려 살아가는 사회 속에서 우리는 자신의 능력을 표출하기 위해서 자기관리 능력을 필수적으로 다듬어야 한다. 이것은 모든 것의 기본이 되어야 한다. 이제 자신의 자기관리 능력뿐만 아니라 자녀들의 자기관리 능력을 체크해 볼 필요가 있다. 자신을 관리하여 목표를 성취하는 것은 성공한 사람들의 두 번째 특징임을 명심해야 한다.

그리고 또 하나 뺄 수 없는 도덕성이 성공한 사람들의 세 번째 특징이다. 이것은 미국 샌프란시스코 대학의 교육 심리학 박사인 미셸 보바에 의해 주창되었다. 도덕성은 자신과 타인을 존중하는 심성을 함양하여 재능을 올바르게 발현하도록 방향을 제시한다. 그래서 세상에서 옳고 그른 것이 무엇인지 알고 그것을 추구하는 분별력이 핵심인 덕목이다. 이런 분별력을 바탕으로 타인의 상황을 공감하고 이해하면 타인에 대한 존중과 친절은 자연스럽게 형성된다. 이러한 인성은 개인의 능력을 발휘할 수 있는 길잡이가 되어 꿈을 성공으로 이끄는 밑바탕이 된다. 이것은 건강한 사회를 만드는 시민의식의 초석이다. 요즘에는 아이들의 도덕성이 무너진 사례를 쉽게 접할 수 있다. 선생님들의 교권이 무너져 목숨을 끊는 가슴 아픈 이야기도 있다. 학생들의 학교폭력 사태는 어른이 생각할 수 없는 상황까지 진행되었다. 그 외에도 어른을 모방한 문제행동은 너무 많다. 이렇게 일부 학생들은 도덕성에서 멀어지고 있다. 이 아이들의 도덕성을 바로잡아 건강한 시민의식을 함양시키고 그들의 삶이 행복해질 수 있도록 해야 한다. 성공한 사람의 대부분은 도덕성이 잘 갖추어져 있어서 타인과의 관계 속에서 자신을 잘 나타낸다. 성공한 사람들의 지능은 모든 사람이 가지고 있는 지능이다. 하지만 어떻게 활용하느냐에 따라 그 사람을 성공으로 이끌기도 하고 보편적인 삶으로 이끌기도 한다. 이것을 볼 때 성공의 길은 너무 명확하다. 누구나 가지고 있는 자신의 재능을 발견하고 그것을 목표지점까지 이끌 수 있는 자기관리 능력과 세상에 대한 건강한 도덕성만 잘 갖추어져 있으면 되는 것이다. 이 명확한 원리를 지키고 이루는 사람이 되어야 한다.

　자신의 도전정신은 어떤지 아는가?
　자신의 자기관리 능력은 어떤지 아는가?
　자신의 도덕지능은 어떤지 아는가?
　자기에게 집중할 시간이 필요하다. 자기에게 집중하여 이 모든 것을 찾을 수 있기를 바란다.

직업선택이 어려운 이유

위에서 살펴보았듯이 성공한 사람들의 지능은 지능의 조합이 잘 어우러져 있다. 우리는 자신의 재능인 강점지능과 자기성찰 지능, 도덕지능이 조화를 이룰 때 자신의 직업에서 성공할 수 있다. 같은 직업을 가진 사람은 많다. 하지만 지능의 조합이 그 직분을 수행함에 적합한 사람은 적다.

아나운서는 말하기 능력과 논리적인 사고력을 바탕으로 자기관리가 잘되는 사람이 적합하다고 할 수 있는 직업이다. 상점에서 물건을 파는 판매원은 말을 잘하는 능력과 사람들과의 친화력이 있는 사람에게 유리한 일이다. 노래를 잘하는 싱어송라이터는 음악에 대한 전반적인 능력과 자기관리 능력이 뛰어나야 한다. 반면에 지휘를 잘하는 지휘자는 음악에 대한 능력 외에 논리적인 사고력이 필요하다. 각 악기의 화음이 균형과 조화를 이룰 수 있도록 연주자를 배치해야 하며 음악적 효과를 얻을 수 있는 연주계획을 수립하기 위해 논리적인 사고가 많이 필요하기 때문이다.

이렇듯 우리의 직업은 여러 가지의 조합지능으로 사회 속에 나타난다. 기본적인 재능을 나타내는 지능의 조합과 자기관리 능력과 도덕성인 인성을 잘 갖추었다면 성공한 사람의 대열로 들어가는 것은 쉬운 일이다. 사람의 지능은 상호작용 한다. 그러므로 자신의 재능에 맞는 조합지능을 잘 갖추어 직업을 마련하는 것이 필요하다. 그렇다면 여기서 자기관리 능력은 왜 필요하고 중요한 것일까? 성공 요인에 꼭 필요한 자기관리 지능에 대해 살펴보자.

자기관리 지능이 우수한 사람은 첫째, 자기에 대한 지식수준이 좋으며 더 나은 목표 지향성을 나타낸다. 스스로 결정하고 일을 처리할 수 있도록 자신을 믿어줄 때 자기 이해를 통한 자기 지식이 쌓인다. 그리고 그것을 바탕으로 자신이 해야 할 목표를 정하고 목표 지향적인 생활을 한다. 둘째, 긍정적인 말하기로 표현법을 순화시켜 긍정의 마인드를 가진다. 요즘 사람들의 대화법을 살펴보면 거칠고 부정적인 표현을 많이 사용한다. 아이들의 말투는 거친 것을 넘어 언어폭력이 난무한다. 그 속에서 어떤 아이는 언어폭력을 가하고 어떤 아이는 언어폭력을 당하고 있다. 우리도 자신이 모르는 사이에 부정적인 말을 자주 한다. 우리는 자신의 언어를 살펴보고 언어를 순화시킬 필요가 있으며 항상 긍정의 마인드로 포장된 언어를 사용하도록 해야 한다. 그것은 자신들의 삶을 긍정으로 정화하여 성공으로 가는 길을 열어주기 때문이다. 부지불식간에 나오는 부정적인 사고는 자신을 관리하지 못하게 한다. 셋째, 자신에게 적절한 관심을 가진다. 자신에 대한 관리는 자기 자신을 분석하여 올바르게 인지하게 한다. 이들은 자기애가 강하고 자존감이 높다. 이렇게 자기관리 지능이 우수한 사람들은 항상 자신과의 대화를 통해 더 나은 모습으로 자신을 다듬는다.

이러한 자기관리 지능은 자라나는 유아부터 필요하다. 유아들의 경우를 살펴보면 아이에 대한 지나친 관심과 애정으로 아이가 할 수 있는 것을 부모가 직접 해주는 경향이 있다. 그것은 바람직하지 못한 방법이다. 이렇게 성장한 아이들은 처리해야 할 모든 것을 부모에게 검수받고 진행하는 상황을 초래한다. 부모에 대한 지나친 의존도는 성장해도 스스로 문제를 해결하는 것이 아니라 부모에게 의존하여 해결하려 한다. 그 결과 사회 적응력을 잃게 된다. 전 세계의 조류 가운데 40여 종은 타조나 펭귄처럼 날갯짓을 하지 않아 날 수 없다. 우리의 아이들은 이런 날갯짓을 못 하는 새가 아니라 더 높이 날아 더 넓은 세계를 보며 마음대로 날갯짓을 할 수 있도록 해야 한다. 의외로 관심이 부족한 청소년의 경우는 어른들의 날카로운 시선으로, 때로는 따스한 관심으로 아이들이 일탈로 벗어나지 않도록 관리해야 한다. 실제 부모들의 관심을 못 받는 아이들은 학교에서도 또래들과 어울리지 못하고 정규과정을 따라가지 못한다. 자기관리 지능은 사회라는 조직 속에서 자신에게 관심을 보이지 않으면 자신을 관리할 필요를 느끼지 못하고 그 방법을 상실하게 된다. 자기관리 능력은 개인을 한 개체로 성장시키고 자신의 역할을 제대로 수행하기 위해 꼭 필요하다.

음식을 골고루 섭취하여야 건강해질 수 있다. 그처럼 자신의 직분을 수행하기에 알맞은 지능을 골고루 조합시켰을 때 우리의 삶도 건강해질 수 있다. 이제 우리는 세상 속에서 행복하고 성공적인 삶을 살 수 있도록 지능의 조화를 이루어야 한다. 그러면 여러 면에서 상호보완 되어 더 나은 결실을 이룰 것이다.

FOCUS ON YOURSELF

4강

재능의 발현

FOCUS ON YOURSELF

어디서 어떻게
활용해야 할 것인가?

진로를 고민하는 사람들은 많다. 그런데 그 과정에서 재능을 생각하는 사람은 적다. 재능이란 어떤 일을 하는 데 필요한 재주와 능력으로, 개인이 타고나거나 훈련으로 획득되기도 한다. 진로에는 그 일을 하는 데 꼭 필요한 재주와 능력이 있다. 그래서 재능은 스스로 진로 적성을 올바르게 발견할 때 나타난다. 즉 진로의 첫 단추는 자신의 재능이 무엇인지 아는 것이다. 재능의 발견은 여러 방법이 존재하지만 가장 과학적인 것은 뇌 연구 프로젝트에서 밝혀진 잠재력을 발견하는 것이다. 이것은 누구에게나 존재하는 영역이고 자신을 특화할 수 있는 무기이다. 인간의 뇌는 위대하고 무한한 능력이 있다. 우리의 뇌는 그 잠재력을 인식하고 어떤 형태의 결정을 내려 행동하기를 바라고 있다. 이런 자기 발견의 과정에서 조심해야 할 것은 주관적인 평가가 들어가지 않는 것이다.

그래서 표준화, 객관화를 통해 진로 적성을 파악하여 적절성을 유지하는 것이 중요하다. 표준화 검사는 일정한 규격과 절차를 따르며 공정하게 평가할 수 있다. 일반적으로 대규모로 실시되며 다양한 부분의 발달 정도를 측정하여 평균치로 점수의 분포를 나타낸다. 그러므로 검사 과정에 일관성을 확보하고 검사자의 해석이 개입되지 못하므로 정확성, 신뢰성, 타당성을 평가받는 믿을만한 과정이다. 다중지능 표준화 검사의 결과를 예로 들면 그래프의 굴곡이 뾰족한 잠재적 재능을 발견할 수 있다. 여기서 살펴야 할 2가지 중요한 사항이 있다. 표준화 검사의 그래프에서 자신의 재능 분포도가 표준화 수치 안쪽으로 나타나는 경우 또는 바깥으로 나타나는 경우가 있다. 어떤 경우든지 뾰족한 그래프의 모습이 자신의 잠재적 재능이다. 그 모습의 크기와는 상관이 없다. 이 표준화 검사는 타인과의 비교 분석이 아니라 자기에게 집중하여 자신의 재능을 발견하고 강화하는 것을 목적으로 추구한다. 또 하나 조심해야 할 것은 자신이 잘한다고 생각한 것이 다른 사람이 잘하는 것으로 결과가 나왔다면 그것은 자신이 잘하는 것이 아님을 이 표준화를 통해 알 수 있다.

잠재적 재능으로 진로를 설계하여 꿈을 가지게 되면 우리는 그 꿈을 이루기 위해 스스로 뭔가를 시작한다. 목표지향적인 삶을 추구하게 된다. 이 행동은 목표를 실현하게 하여 성공의 가능성을 체험하게 만든다. 수많은 과정을 거치면서 시간의 성숙으로 이룬 성공은 자신의 능력을 타인에게 나누어 주는 이타적인 실현까지 완성하게 한다. 이렇게 행복의 도착 지점은 우리가 어떻게 하느냐에 따라 달라질 수 있다.

우리는 과거의 삶을 바탕으로 더 나은 삶을 꿈꾼다. 과거의 불편했던 점을 개선 시키기 위해 보완점을 찾을 수 있다. 무엇인가를 평가받는 실전에 임했던 사람이라면 자신의 더 나은 실력 향상을 위해 다양한 계획을 세운다. 이렇게 생각하는 힘은 우리의 뇌 속에서 기억을 전담하는 해마가 바쁘게 움직여 나타나는 현상이다. 그리고 이 생각하는 힘을 실천에 옮겼을 때는 우리의 삶이 정말 풍요로워진다. 우리는 하룻밤 사이에 몇 채의 집을 쌓기도 하고 허물 수도 있을 만큼 많은 생각을 한다. 하지만 이 집들을 현실에 옮겨놓으려는 생각보다는 대부분 인식도 하지 못한 채 현실 순응적인 삶에 길들여져 살아간다. 자신의 해마 끝에서 창의적으로 떠오른 생각들을 현실로 이끌고 나올 수 없다고 생각하기 때문이다.

우주선을 타고 달나라에 가는 이는 아무나 될 수 없어. 저렇게 멋지고 큰 커피숍은 나의 능력으로는 할 수 있는 일이 아니야. 저렇게 멋지고 비싼 차를 타는 사람은 몇몇일 뿐이야, 등 우리는 자신의 현실에 만족하는 마인드를 다지는 말을 한다. 아예 그러한 꿈들이 하룻밤의 꿈으로 지나가도록 만들어 버린다. 그러면 우리의 뇌는 그것을 받아들이고 불편한 현실에 안주하도록 한다. 이제는 탈피해야 한다. 너에게 집중하라. 자신에게는 우주를 바꿀 만큼의 위대한 능력이 있다. 이 잠재된 재능의 근원을 파악하기 위해 자신을 들여다보고 집중해야 한다. 그러면 그 속에는 수많은 꿈이 꿈틀대고 있을 것이다. 그 꿈들을 하나하나 자기 것으로 만들어 행복과 풍요를 만끽하는 삶을 살 필요가 있다. 앞으로 모든 것이 디지털화되고 미디어 콘텐츠 세상으로 들어갈 때 가장 자기다움이 자신을 그 속에 매몰시키지 않고 세상의 주인이 되게 할 것이다. 보편의 추구가 아니라 자신만의 것을 찾을 때 우리의 인생은 행복한 삶을 살 수 있다. 이 행복은 개인의 욕구를 충족시키는 일차원의 행복이 아니라 사회로 자신의 경제력과 재능을 기부할 수 있는 다차원의 행복으로 넘어가는 삶을 살 수 있게 할 것이다.

　재능은 언제 – 잠재적 재능을 발견하였을 때.
　재능은 어디서 – 자기 안에서.
　재능은 어떻게 – 흘러넘쳤을 때 자연스럽게 발휘된다.
　너에게 집중하여 꿈꾸고 행동하면 이루어진다.

직업선택은 쉽다

인간은 사회 속에서 생존과 발전을 위하여 경제활동을 하는 경제적 존재이다. 노동과 시간을 팔고 그 가치로 돈을 받는 시스템으로 생활한다. 이러한 경제 개념과 밀접한 현대인에 인류를 뜻하는 '호모~쿠스'의 의미와 경제를 뜻하는 이코노미를 합한 경제성 인간을 호모이코노미쿠스라고 한다. 현대인을 뜻하는 신조어이기도 하다. 인류의 경제활동은 선사시대부터 시작되었다. 사냥과 채집은 인류의 첫 경제활동이다. 이러한 활동은 단순한 생존을 위한 것이었지만 사회적 유대감과 협력을 바탕으로 지역 사회의 문화를 형성하고 발전시키는 역할을 하였다. 이후 선사시대 이후에 농업이 발달하면서 새로운 사회 구조를 만들었다. 물물교환으로 시작된 교역이 각 지역의 특산물을 공유하는 기회를 제공했다. 이러한 경제활동은 단순한 개인의 생존이 아니라 사회의 구조와 문화를 형성하는 역할을 하였다. 그러나 현대 사회에서의 경제활동은 개인의 생계유지를 넘어 사회적 위치를 확보하면서 개인의 성취감을 느낄 수 있는 활동이 되었다. 경제활동의 궁극적 목적인 화폐가 가지는 가치가 필수적인 요인이 된 시대에 살고 있기 때문이다. 화폐의 가치는 단순 물품의 대가를 지불하는 수단으로 시작하여 삶의 질을 높이고 투자와 저축을 통해 미래를 대비하는 수단으로 변하고 있다. 이제 화폐는 우리 삶의 경제적 자유를 보장하며 사회적 자존감을 높여준다.

만 15세 이상이면 경제활동 인구에 포함되어 일할 수 있는 능력으로 취업의 뜻을 가질 수 있다. 이렇게 경제활동인구는 많지만 제대로 된 직업으로 경제활동에 참여하는 청년 취업자의 수는 적다. 경쟁적인 구직의 환경과 경제의 불안정으로 인해 청년들이 취업의 관문에서 고용 불안정의 현상을 겪는다. 이러한 사회적 원인 외에 유망 직업이나 임금이 높은 일자리만을 찾아가는 개인적 원인에서 나타나는 부작용도 있다. 자신의 관심사와 재능을 고려하지 않은 것이다. 답은 주변이 아니라 자신에게 있다. 자신에게 집중하고 생각하여 잘하고, 잘할 수 있는 재미있는 것을 찾아가면 취업을 하지 못하는 문제는 없을 것이다. 첫 숟가락이 작아도 자신의 능력을 발휘하고 발전시키는 경제활동은 지속성을 가져올 것이며 결국에는 그 분야의 창조성으로 더 큰 부를 가져올 것이다. 그래서 자신에게 집중한다면 직업선택은 쉬운 일이다.

앞으로 10년이면 사회의 구조는 많이 변해 있을 것이며 직업의 유형 또한 새로운 형태들이 주를 이룰 것이다. 역사의 흐름을 보면 19세기에 멸시되었던 직업들이 20세기에 유행을 하였으며 시대의 흐름 속에서 사라지거나 진화된 직업들도 있다. 시간은 살아 움직인다. 생명이 존재한다고 보면 된다. 생성과 소멸을 반복하고 있다. 이제 시간이 어디로 가고 있는지 보고 소멸과 진화를 보도록 해야 한다. 그리고 새롭게 탄생할 부류의 흐름을 탈 필요도 있다. 그런데 이 모든 활동은 자기 안에서 발견할 수 있다. 자신의 코드와 맞는 부분에서 느끼고 찾아야 한다. 그럴 때 자신 있는 새로운 형태의 직업을 만나 새롭게 창조하는 삶이 될 것이다.

요즘 청년들은 대학을 졸업하여도 취업의 문턱이 높다. 그들의 전공이 자신의 재능과 무관한 경우는 더 힘들다. 어려서부터 내재되어 있는 잠재력으로 자신에게 맞는 생애 설계를 할 수 있으면 그에 맞는 올바른 직무를 선택하여 자신의 직업적 능력을 개발하고 발휘할 수 있다. 강점지능을 바탕으로 각자의 재능이 발전할 수 있는 환경으로 만들어 주면 된다. 성인의 경우에는 지능의 창의성과 영역별 창의성을 확인할 수 있으며 이 부분에서 각자가 가지고 있는 지식과 어떤 일을 해낼 수 있는 역량을 알 수 있다. 그리고 어떤 문제에 직면했을 때 실생활에서 문제를 해결할 수 있는 문제해결력과 그와 관련된 활용성을 파악할 수 있으며 자신이 좋아하는 정도를 나타내는 흥미도 또한 파악할 수 있다. 지능의 창의성 부분에서는 특수한 인물과 관련된 사회적 기여를 파악하는 창의성이나 일상생활 속에서 발휘되는 개인적 창의성과 전문적인 수준과 관련된 전문 분야의 창의성이 있다. 그 외 여러 영역별 창의성도 존재하므로 사람들은 자신에게 맞는 창의성을 판단하고 그에 맞는 활동을 할 만큼 창의성의 비중이 크다고 할 수 있다. 창의성은 새롭고 다양한 것을 만들어 내거나 생각하는 능력이기 때문에 지능의 개념과 일치하지 않을 수 있다. 그래서 지능의 발달 수준과 창의성의 수준이 같은 영역에서 어우러지지 않는 경우가 있다. 성인의 경우는 자신의 강점지능뿐만 아니라 창의성 영역까지 존재하므로 직업을 선택할 때 그 다양성이 더 확보된다.

대부분 지능은 환경과 학습을 통해 계발되고 발전된다. 사람은 태어나면서부터 집이라는 환경을 접하게 되고 성장하면서 사회 속으로 들어간다. 그래서 인간의 지능은 가정의 문화와 그 시대의 사회문화적 환경을 통해 발달된다. 지능은 학습이 가능한 영역이지만 창의성은 자신의 경험과 학습으로 연마된 지식을 바탕으로 새로운 것을 첨가하거나 이질적인 것을 만들어 내는 능력이므로 모든 영역에서 나타날 수 있다. 자신의 재능에 맞게 집중력을 발휘하면 새로운 결과물이 나온다. 청소년, 청년, 성인 누구든지 이 사회 속에서 자신의 재능에 맞는 창의성을 발휘하고 살아가기를 바란다.

FOCUS ON YOURSELF

5강

실천의 중요성

FOCUS ON YOURSELF

결단의 힘

우리는 언제나 선택의 귀로에 직면한다. 그때 자신 안에 잠들어 있는 '결단의 힘'을 발휘한다. 상위 0.001%는 항상 자신이 내린 결단의 내용을 지갑에 넣고 다니며 그것을 자주 본다. 계속 자신에게 상기시키는 방법이자 자신의 결단에 대한 믿음을 가지는 행동이다. 결단과 믿음이 일치하지 않으면 그 결단은 자신의 것이 안 되기 때문이다. 오늘날 자신의 모습은 과거의 자신이 내린 결과물이다. 그러므로 내일의 나를 위해 오늘의 결단을 잘해야 한다. 결단을 내리는 것보다 중요한 것이 실천이다. 생각은 누구나 할 수 있고 무엇이든지 꿈꿀 수 있다. 하지만 그 생각하고 꿈꾼 것을 자기 것으로 만들기 위해서는 실천이 중요하다. 실천이 따르지 않으면 정말 꿈으로만 남고 자기 것으로 되지 않는다. 수많은 의지가 자신을 일으켜 세워 실천으로 이끈다. 긍정의 마인드로 감정을 변화시켜야 한다. 긍정의 감정은 긍정의 결과를 낳기 때문이다. 신체 에너지를 이용해 감정을 바꿀 수 있다. 자신 없는 일이나 힘든 일이 있을 때 본받고 싶은 사람을 생각하며 가슴을 펴거나 두 팔을 뻗어 하늘을 향해 몸을 움직이면 우리 몸은 자신감을 얻어 감정을 긍정으로 바꾸어 실천하게 한다.

자기 암시를 통해 마음을 다스리는 방법도 중요하다.

첫째, 뜻이 있으면 반드시 이룬다. 나는 할 수 있다. 꼭 하고 만다. 이런 다짐을 하면서 할 수 있다는 자신의 마음을 다져야 한다.

둘째, 나는 할 수 있다고 믿는다. 잘못된 감정을 바꾸어 자신의 신념에 확신을 주는 것이다. 자신에 대한 믿음은 자기애를 낳으며 타인의 믿음까지 가져올 수 있다.

셋째, 나는 효과적인 전략을 세운다. 훌륭한 전략과 전술이 전쟁을 승리로 이끌듯이 인간의 삶도 전략과 전술이 제대로 되어야 삶을 성공적으로 이끌 수 있다.

그런데 실천은 자신의 결단을 의식적으로 행동에 옮기는 활동이다 보니 대부분 유지하기가 힘들다. "작심삼일"이라는 사자성어가 일반적인 현실에서 사용되는 실천법이라고 해도 과언이 아니다. 우리는 부지불식간에 일이 이루어지는 방식을 습관대로 해나가고 있다. 자신이 내린 결단에 '과연 이룰 수 있을까?', '할 수 있을까?' 등 수많은 의심을 안고 시작한다. 의심이 시작되는 순간 뇌는 할 수 없다는 부정의 메시지로 받아들인다. 그러면 무의식의 세계에서 습관적인 행동을 하도록 이끈다. 결단의 내용은 작심삼일로 묻혀버린다. 그래서 결단에 대한 강한 믿음이 중요하다. 결단하면 독일의 철학자 임마누엘 칸트를 생각하게 된다. 칸트에게는 사랑하는 여인이 있었다. 하지만 칸트의 청혼이 없어서 여인이 먼저 결혼해 주기를 청하였다. 그런데 칸트는 생각해 보겠다는 말과 함께 도서관에서 결혼의 장단점을 찾아가며 생각에 빠져 있었다. 그러다가 결혼을 해야겠다는 결론을 내리고 여인의 집을 찾아갔다. 하지만 문밖으로 나온 사람은 여인의 아버지였으며 "미안하지만 늦었소. 우리 딸은 세 아이의 엄마가 되었소."라는 이야기가 있다. 생각은 신중해야 한다. 하지만 기회는 언제나 누구에게나 오는 것이 아니라 준비된 사람의 것이다. 선택의 상황에서 신속하게 결단을 내리는 것은 자신에게 온 기회를 잡는 것이다. 그 기회는 행운을 안겨준다. 우리에게는 언제나 결단의 힘이 필요하다.

이제 우리는 각자의 강점지능으로 재능을 발견하고 그것을 성공으로 이끌기 위한 전략과 전술을 세워 실천에 옮기는 결단을 하여야 한다. 변화하는 시대 흐름에 잘 대응하여 자신만의 프로파일로 잠재력을 발견하고 계발시킬 수 있는 직업군을 찾아야 한다. AI가 보편화되는 4차산업혁명 시대에는 창의성 있는 특화된 재능과 실천이 필요하다. 이러한 실천력이 우리의 행복을 찾아주는 길이 된다.

사람의 다양성이
인정되는 사회

사람들은 안정적이고 행복한 전문직을 선호한다. 지금은 그런 직업의 선호도가 많이 바뀌었고 앞으로는 우리가 알고 있는 직업보다 새로운 형태의 직업으로 선호도가 변할 것이다.

세상이 진화하고 발전하고 있다. 이 속에는 장단점의 양면성이 있다. 예를 들면 지금은 유치원생부터 90세 노인에 이르기까지 스마트폰을 가지고 있는 세상이다. 문명의 발전이 가져온 모습이다. 생활을 편리하게 하며 때와 장소를 가리지 않고 소통하는 것이 가능하다. 무엇보다 휴대용 인터넷 기능으로 내 손안의 정보화 시대가 되었다. 카메라의 기능은 뛰어난 화소로 사진을 작품화할 수도 있을 만큼 생활을 윤택하게 하는 장점이 있다. 하지만 그로 인해 우리는 시력을 잃게 되고 기억력을 잃어간다. 손에서 스마트폰의 지속 시간이 늘어나면서 어린 학생들이 노안에 걸리고 있다. 우리는 가족들의 전화번호를 스마트폰에서 이름만 찾으면 알 수 있다. 예전처럼 따로 전화번호를 외우지 않다 보니 가족의 전화번호를 잘 기억하지 못한다. 이렇게 기억력을 잃어가고 있다. 생활 속에서 궁금한 것이 있으면 책을 통해 답을 찾거나 연구하기보다 인터넷이나 챗GPT를 통해 답을 구한다. 이런 현상이 일상화되는 세상으로 가고 있다.

드디어 인공지능이 인간을 따라잡고 있으며 인간의 육체는 아이러니하게도 지나친 편의가 주는 나쁜 영향으로 병들어 간다. 세상이 인공지능의 늪으로 들어가고 있다. 우리가 가지고 있던 기존의 직업은 사라질 수밖에 없는 것이다. 변화하는 세상의 흐름 속에서 새로운 노동의 환경을 만들어 가야 한다. 3D업종을 비롯하여 스트레스가 높은 직업들, 단순노동으로 쉽게 할 수 있는 반복적인 일들, 제조업 등 많은 분야에서 인공지능이 인간의 일을 대신하게 될 것이다.

이제 우리는 이런 세상 속에서 잘 적응할 수 있는 능력을 길러야 한다. 그래서 다양성이 중요하다. 그 다양성은 예전의 학습능력이 아니라 자신을 잘 나타낼 수 있는 능력과 어디에서든 잘 적응하고 어울릴 수 있는 능력이 필요하다. 또 인성지능이 되는 사람들은 어디에서든 자신에 대한 올바른 파악과 관리를 통해 잘 적응할 수 있다. 특히 인간 친화 지능은 자신을 잘 이끌 수 있을 뿐만 아니라 타인을 이끌 수 있는 능력까지 완비되어 타인과의 관계 형성을 원만하게 하므로 미래에 더 필요한 지능이다. 성공한 사람의 필수 덕목이 되는 도덕지능 또한 중요하다. 스탠퍼드대학의 유명한 일화가 있다. 스탠퍼드대학의 심리학 교수인 월터 박사는 4세 아이들을 대상으로 '마시멜로(초코파이 속에 들어가는 젤리) 실험'을 한 적이 있다.[4] 아이들 앞에 마시멜로를 두고 연구원이 잠깐 자리를 비운 사이 아이들의 행동 반응을 살피는 실험이었다. 연구원이 아이들에게 아무 말도 없이 나갔다. 그 순간 연구원이 들어오기 전에 마시멜로를 먹고 싶은 유혹을 이기지 못하고 마시멜로를 먹은 아이들과 끝까지 연구원이 들어올 때까지 참고 있었던 아이들을 대상으로 그들이 성인이 될 때까지의 성장 과정을 30년 동안 계속 관찰하였다. 그런데 결과는 놀라웠다. 4세 때 끝까지 참고 마시멜로의 유혹을 이긴 아이들은 성인이 되었을 때 사회적으로 유능한 사람들이 되었다. 충동을 억제하고 자제력을 발휘한 도덕성이 그 아이들을 성공으로 이끌었음을 알 수 있었다. 이것은 사라져 가는 도덕성의 회복이 필요함을 인지하고 교육할 필요성이 있음을 알게 하는 부분이다.

우리가 가지는 다양한 능력은 특별한 것이 아니다. 자신 안에 있는 능력을 조금씩 생활에 적용해 보는 실천으로 자기화 과정을 거

---

4) 호아킴 데 포사다, 《마시멜로 이야기》, 전지은, 한국경제신문사, 2009.

치면 금방 자신의 것으로 된다. 인간은 누구나 낯설고 새로운 것은 두려워하고 멈칫거린다. 처음 운전을 배울 때 두려움 속에서 머뭇거리지만 운전하는 날이 많아질수록 운전은 자신의 몸과 일체가 됨을 느낄 수 있다. 우리가 가꾸어야 할 인성지능, 도덕지능도 자신과 일체가 되도록 적용해야 한다. 자신의 재능 발견 또한 마찬가지이다. 처음에는 없어도 불편하지 않고 필요성을 못 느낀다. 하지만 세상을 오래도록 행복하게 살기 위해서는 꼭 필요하다. 특히 나날이 변화하고 진화해 가는 세상에서 살아남기 위해 이 능력은 무엇보다 더 중요하다. 이 준비가 끝나면 세상을 유연하게 대처할 수 있을 것이다.

앞으로 힘들고 어려운 일은 인공지능이 대체할지라도 인간의 직업은 사라지지 않는다. 시대의 변화를 읽고 그 흐름을 탈 수 있는 능력을 찾아야 한다. 인공지능의 일이 많아질수록 인간은 원초적인 유희의 인간으로 갈 수 있다. 그러한 시대를 활용하여 자신의 직분을 충실히 이행하고 쉴 수 있다면 멋진 삶이 될 것이다. 어쩌면 유희의 방법을 연구하는 시대가 올지도 모르므로 그런 틈새를 공략하는 직업군 또한 새롭게 태어날 수도 있을 것이다. 많은 변화와 발전 속에서 진정으로 살아남을 수 있는 것은 가장 인간만이 할 수 있는 능력이 중요함을 잊지 않아야 한다. 인공지능은 인간의 감성을 따라올 수 없기 때문이다.

재능 발견
성장지원을 기대하며

사람의 능력은 무궁무진하다. 이것이 세상을 변하게 하고 더 진화시키고 있다. 지금 학교에서 공부하고 있는 학생들은 우리의 미래이다. 초등에서부터 대학까지 많은 부류의 학생들이 있다. 그만큼 많은 발전의 가능성을 안고 있다. 이들이 다양한 경험과 학습으로 변화의 흐름을 느끼며 살았으면 한다. 사람은 혼자서 살아갈 수 없다. 가족과의 관계 속에서 또는 친구, 학교, 사회 등 사람들과의 관계 속에서 살아간다. 인공지능이 발달하고 로봇이 세상에 나타나는 사회가 되어도 그들은 이러한 관계를 형성할 수 없다. 우리만이 할 수 있는 능력이다. 이것이 이 지구를 영원하게 유지할 수 있는 능력이다. 우리의 인간다움을 살피고 가꾸도록 노력해야 한다.

모두가 가신의 재능을 발견하고 인성과 도덕이 무장된 능력으로 변화하는 사회 속에서 행복하고 성공적인 삶을 살기를 바란다.

너에게 집중하라.
너의 능력에 집중하라.
너의 발전 가능성에 집중하라.
너의 주변이 너를 휘두를 때도 너에게 집중하라.
네 안에 답이 있음을 인지하고 나아가라.
네 안에 가득한 성공 요인과 부를 믿어라.
너의 재능이 너를 이끌 것이다.
너에게 집중하라.

5강 | 실천의 중요성

**FOCUS ON
YOURSELF**

FOCUS ON YOURSELF

6강

별지

FOCUS ON YOURSELF

진로 체험 수업 후
느낀 점

○○중학교 진로 수업을 들어갔을 때의 일이다. 다중지능검사를 통한 각자의 프로파일을 분석하는 시간이었다. 아이들은 자신의 지능 분포를 신기해하거나 재미있어하였다. 자신의 강점지능을 자랑하는 친구들도 있었다. 그리고 다른 친구들의 강점지능을 궁금해하는 아이들도 있었다. 자신의 지능 분포와 친구의 지능 분포를 비교해 보려는 아이들도 있었다. 아직도 우리 아이들은 타인과의 비교에서 뭔가를 찾아내는 방법에 익숙해 있었다. 슬픈 일이었다. 다시 아이들에게 타인과의 비교가 아니라 자신의 지능 분포와 강점지능을 살펴봐야 한다고 가르쳐야 했다. 이렇게 자기 자신에 대한 지식이 부족하던 아이들이 자신의 강점지능을 이해하여 그에 맞는 진

로를 설계하고 만족하는 모습을 보았을 때 그 시간이 흐뭇해짐을 느꼈다. 더 놀라운 사실은 아이들의 행동이 첫 시간과 마지막 시간에 변화된 모습을 보인 것이었다. 수업시간에 이유 없이 한 아이가 다른 아이를 흉보고 싫은 소리를 하는 모습에 무슨 관계냐고 물으면 그냥 그런다고 했다. 한 아이는 싫은 행동과 말을 하고 다른 아이는 일방적으로 당하고 있는 것이었다. 이런 아이들에게 자기성찰지능을 설명하고 이 지능이 잘 함양되어야 성공한다는 것을 보여주었다. 그 이후에 아이들의 행동은 변하기 시작하여 마지막 시간에는 완전히 반대의 행동으로 자신을 입증해 보이려고 했다. 짧은 시간이지만 앞서 한 행동을 자제하는 모습에서 조금씩 변화된 모습을 느낄 수 있었다. 이것은 수업을 마칠 때마다 느낀 것이었다. 수업 시작할 때와 마칠 때 아이들의 행동과 생각이 많이 변한 모습을 볼 때마다 항상 감사했다. 그러면서 수업이 끝나도 예전의 모습으로 돌아가지 않고 지금의 변화된 모습이 계속되기를 바랐다.

거제의 ○○중학교에서 수업한 기억이다. 각자의 프로파일을 분석하고 쉬는 시간이었다. 남녀공학이었다. 한 남자아이가 다가와서 자신의 프로파일을 분석해 주기를 원했다. 자신은 정치외교학과를 지망하는데 강점지능과 진로의 연관성이 맞는지 질문했다. 그러자 여자아이들이 주위로 몰려들었다. 이 남학생은 여자아이들이 자신의 것을 보지 않기를 원하며 조용히 개인 상담을 받을 수 있게 해달라고 했다. 남학생은 자신의 의사 표현이 확실했다. 하지만 주위의 아이들과 어울리는 면에서는 많이 부족했다. 학교에서 대부분 시간을 조용히 혼자 생각하고 행동하는 주의였다. 공부는 제법 잘하고 있어서 성적은 문제 될 것이 없었다. 강점지능이 언어지능과 논리수학 지능이었다. 학습영역의 지능이 우수하여 자신이 원하는 정치외교학과를 지망할 수 있을 만큼 성적은 안정적이었다. 하지만 자기성찰 지능은 보통이었으며 인간 친화 지능이 약점으로 많이 안 좋았다. 강점지능을 성공시키는 주춧돌 지능이 자기성찰과 인간 친화 지능인데 이것이 부족한 것이었다. 특히 외교관이나 정치인은 타인을 만나 정치와 외교를 해야 하는데 타인을 대하는 면에서 자신의 재능을 발휘하기에 부족함이 많다는 것을 느꼈다. 이 학생은 외교관이 되기 위해 무엇보다 인간 친화 지능이 우선이 되어야 했기 때문이다. 그래서 그 아이가 성별 상관없이 반에 있는 친구들과 숨김없이 대화하는 방법과 그것을 실천할 수 있는 요소를 가르쳤다. 그 실천이 이루어지면 인성지능이 좋아져서 꿈을 이룰 수 있는 바탕이 될 것이라는 조언을 아끼지 않았다.

대부분 공부만 잘하면 꿈을 이룰 수 있다고 생각한다. 공부보다 인성지능이 잘 갖추어졌을 때 사회에서 필요한 재목으로 성장할 수 있음을 알아야 한다.

함양 ○○고등학교에서 심층 상담을 하였다. 학생들은 자신의 위치와 능력을 인지하지 못하고 현재 상황에 대하여 부정적인 감정이 많았다. 가정환경에 영향을 받아 학습이 부진한 상태의 학생들, 학습에 흥미가 없어 학습이 부진한 학생들, 다양한 재능을 발휘하지 못하여 불만인 학생들, 나름의 재능을 발휘하고 있으나 학교를 떠나려는 학생들 등 다양한 학생들의 무리로 이루어진 곳이었다. 선생님들의 상담이 학생들에게 방향성을 제시하지 못하는 상황이었다. 그런 이들에게 그들의 강점지능을 찾아 재능을 발견할 수 있게 하는 상담이 이어졌다. 우선 현재 불만에 가득 찬 삶을 개선하기 위해 긍정 마인드를 가질 수 있게 하는 마음 다잡기 상담으로 시작하였다.

욕심이 많아서 뭐든 열심히 하고 잘하는 학생이 있었다. 하지만 이 학생은 자신의 마음을 살필 줄 몰랐다. 그래서 타인의 감정을 상하게 하는 일들이 많았다. 특히 말하지 않고 있는 모습에서 풍기는 불만과 상대를 불신하는 듯한 태도는 상대가 누구든지 가까이할 수 없게 만들었다. 이 학생에게는 인간 친화 지능의 필요성으로 접근하여 행동의 개선점을 목표로 설정하게 했다. 자기성찰 지능의 목표 성취도를 인간 친화 지능의 행동 개선으로 설정함으로써 결국 인성지능을 계발하게 하는 방향이었다. 그 학생은 나머지의 지능보다 인성지능의 역할만 되면 자신의 재능을 충분히 발휘할 수 있는 상황이었다.

또 다른 학생은 모델을 지망하고 있었으며 실제 모델 활동을 하고 있었다. 소소한 촬영으로 자신의 꿈을 키워가고 있었다. 나름대로 자신의 재능에 확신이 있었다. 하지만 그 학생은 그 꿈을 위해 학교를 포기할 상황이었다. 검정고시로 고등과정을 마칠 계획까지 세우고 있었다. 자기 지식이 좋아 자기성찰 지능이 잘 다듬어진 학생이었다. 하지만 고등학교를 떠나 검정고시로 대체하고자 하는 것이 걱정스러웠다. 외부 활동을 하면서 갖추어진 틀이 아닌 자기관리로 검정고시를 준비한다는 것은 쉬운 일이 아니며, 더 많은 노력과 에너지가 필요한 일이었기 때문이다. 하지만 확실한 꿈을 위한 계획이었으므로 응원을 해주고 싶었다. 자신과의 내적 갈등이 더 심할 것이므로 철저한 계획과 관리 속에서 성공하기를 응원한다고 하였다.

그 외에도 다양한 학생들의 사례가 많았다. 대체로 학생들의 자기성찰 지능이 약한 상황이었다. 모두에게 인성지능과 강점지능을 인지할 수 있게 하였지만 한 번의 상담으로 부족하다는 것을 느꼈다. 돌아오는 길에 내년에도 똑같이 그 학생들을 대상으로 상담해 보고 싶다는 생각을 했다. 어떻게 변하고 발전하였을지 궁금하며 다시 만나서 그들의 모습에 힘과 에너지를 주고 싶다는 생각이 밀려왔다.

6강 | 별지

다중지능의
교육적 활용 및 학습방법

강점지능으로 학습 방향 설정

아이들의 학습방법은 다양하다. 아이들이 가진 능력에 따라 수준이 다르기 때문이다. 모두가 수준이 높을 수 없으며 학습영역에서 탁월함을 보이거나 어려움을 보이는 영역들이 저마다 다르다. 이에 대한 교육적 대안으로 다중지능의 강점을 활용한 학습방법이 수년간의 연구 끝에 기존의 학습방법보다 의미 있는 학습효과를 보인다는 것을 확인하였다.[5] 아이들이 자신에게 맞는 강점지능을 활

---

5) 마음의 틀 교육 프로그램 - 다중지능 연구소.

용한 학습법으로 학습의 흥미와 효과를 증진시켜 진로 영역까지 영향을 미치기를 바란다.

언어지능

- 배운 내용을 자신의 말로 바꾸어 자세하게 정리하기. 이것은 100%의 이해효과를 가져온다. 아이들은 대부분 학교 수업에서 이해한 것을 완전히 이해하여 자기 것으로 노트 정리를 하지 않는다. 그러면 인간은 망각의 동물이므로 하루가 지나면 70%를 기억하지 못한다. 그러므로 이해한 내용을 다시 이해하고 그것을 정리하는 것은 기억력을 올릴 수 있는 좋은 방법이다. 이것은 언어지능이 좋은 아이들뿐만 아니라 학습력을 올리는 방법이므로 학습을 하는 모두가 활용하기를 바란다.
- 책을 주의 깊게 읽기. 책을 건성으로 읽는 것은 읽지 않는 것보다 못하다. 책을 주의 깊게 읽는 것은 집중력을 올린다. 자신의 행동에 몰입감을 주어 주위의 모든 잡념과 방해물들을 차단하고 원하는 곳에 자신의 모든 정신을 집중하므로 이해력을 높여준다.
- 어휘력 높이기. 어휘력은 이해력을 돕는다. 어휘력은 어휘를 풍부하게 구사할 수 있는 능력이다. 어휘력이 부족하면 문자 해독 능력인 문해력에도 문제가 생긴다. 글을 읽으면서 그 내용을 정확히 이해하고 해석하는 능력이 되어야 전달된 정보를 정확히 파악하고 자기의 생각을 발전

시킬 수 있다. 하지만 문해력이 부족하면 이 모든 것이 단절되어 학습의 능력은 떨어질 수밖에 없다. 이 현상은 단순히 아이들에게만 나타나는 것이 아니라 성인들에게도 나타난다. 스마트폰과 숏폼 등의 사용이 늘어나면서 독서보다는 짧은 글과 동영상에 길들여지면서 성인들의 문해력 부족도 문제가 되고 있다. 독서의 중요성은 아무리 강조해도 무방할 것 같다.

- 내용을 잘 기억하기 위하여 줄임말을 만들거나 핵심 단어 찾기. 중심 문장 찾기. 현대의 언어 사용에서 나타나는 문제점의 하나가 줄임말을 사용하는 것이다. 줄임말은 한글의 제대로 된 사용이 아니라 의사소통에 문제를 만드는 현상이다. 하지만 학습에서 줄임말을 사용하는 것은 단어를 줄이는 것이 아니라 문장이나 문단을 이해할 때 그 문장의 줄임말을 만들어 보는 것으로 중요하다. 그렇게 하면 핵심 단어를 파악하게 되고 그를 바탕으로 중심 문장을 찾아 자기만의 줄임말을 만들 수 있기 때문이다. 이 활동은 이해력과 문해력을 높여준다.

논리수학 지능

- 내용을 비교, 대조하기. 두 가지 이상의 대상에서 공통점을 찾는 것은 비교이고 대조는 두 대상의 차이점을 찾는 것이다. 이 활동은 두 대상의 서로 다른 점을 이해하고 분석하는 능력이 좋아진다.
- 개념의 관계성을 파악할 수 있는 규칙 찾아보기. 모든 사물에는 규칙이 존재한다. 여러 사람이 다 같이 지키기로 약속한 법칙이다. 이러한 질서를 잘 이해하고 파악하는 능력은 개념의 관계성을 빨리 파악하므로

논리성을 기를 수 있다.
- 개념의 상·하위범주를 두어 정보나 개념을 그룹화하여 체계적으로 이해하기. 수학적인 구조와 그런 구조들 사이의 관계를 다루는 능력은 일반적인 수학의 개념을 넘어 컴퓨터 공학 등 여러 분야의 체계적인 이해력을 함양하도록 한다. 이제 수학은 학교에서 숫자를 활용하여 공식을 배우는 단순한 학습 위주의 교과목이 아니다. 복잡한 문제를 효과적으로 대응할 수 있는 논리적인 사고력이 강화되어 일상적인 생활에서 논리적인 접근법으로 문제를 해결하는 문제해결력과 분석력이 강화된다. 그리고 수학에서 익힌 분석력, 논리적 사고력은 과학을 비롯한 기술 분야와 밀접한 관련성이 있으므로 현대의 과학과 기술의 발전을 이끈다.

신체 운동지능

- 한자리에 앉아서 공부하는 것보다 몸을 움직이면서 공부하기. 운동성이 뛰어난 지능을 소유한 사람은 정적인 형태의 학습방법보다 신체활동을 이용한 동적인 형태의 학습을 하는 것이 효율적이다. 많은 사람이 있는 공간보다 혼자만의 공간에서 몸을 움직이는 학습이 더 효과적이다.
- 배운 내용을 쓰면서 공부하기. 어떤 형태의 학습이라도 배우고 익힌 것을 자신이 이해한 형태로 적어보는 것은 기억력을 증진시킨다.
- 배운 내용을 말로 하면서 공부하기. 자신만의 공간에서 배우고 익힌 내용을 남에게 가르치듯이 말하며 공부를 하거나, 역할극을 하듯이 타인의 목소리를 흉내 내면서 말하는 것은 학습의 효율을 높게 한다.

- 다른 사람의 말, 행동 모방하기. 자신이 이해하고 학습한 것을 타인의 행동으로 모방하는 학습은 놀이방식 학습이 되어 재미있게 하면서 효율성도 올릴 수 있다.

음악지능

- 공부 중간 힘들 때는 악기연주나 음악 듣기로 스트레스 해소하기. 음악지능이 우수하여 잘 활용한 학생의 사례를 들어보겠다. 여자고등학교 밴드부에서 전자기타를 다루며 공연까지 할 정도의 음악지능이 우수한 여학생이 있었다. 공부로 인해 스트레스를 받으면 이 여학생은 그 기분이 진정될 때까지 기타를 치고 피아노를 치면서 감정을 조절하였다. 그렇게 스트레스가 해소되고 나면 조용히 공부를 시작하여 공부의 효율을 최고로 올린 사례이다. 이 학생은 물론 우리나라 3대 명문대학에 진학하는 결과를 올렸다.
- 음악을 들으면서 공부하기. 음악을 적정 과목에 활용하여 공부하는 방법도 있다. 자신이 좋아하는 음악을 틀어둔 상태에서 그 음악이 끝나기 전에 목표한 분량의 공부나 수학 문제 풀기 등을 한다면 시간에 맞추어 학습의 목표를 이룰 수 있다. 이것은 음악을 듣는 것이 주가 아니라 음악이 공부를 맞춘 시간 내에 끝나게 하는 타이머 역할을 하기 때문이다. 학습의 속도가 붙어서 부족한 과목까지 도전하여 전체적인 효율을 올릴 수 있다.
- 암기가 필요할 때 리듬이나 노래에 맞추어 암기하기. 암기하기 힘든 부분은 좋아하는 노래의 노랫말을 암기 내용으로 개사하여 부르면 아주

쉽게 암기가 이루어진다.
- 외국어 공부에 단어의 억양, 악센트 강조하기. 음악의 리듬감을 외국어 공부의 억양에 적용하면 리듬감을 익혀 쉽게 공부할 수 있다.

공간지능

- 복잡한 내용을 마인드맵으로 정리하여 공부하기. 마인드맵은 백지에 지도를 그리듯이 중심내용을 정리하는 방법이다. 영국의 기억력과 공부법 전문가인 토니 부잔이 1974년에 개발한 생각 정리 기술이자 도구이다. 주제를 중간에 두고 꼬리에 꼬리를 물고 내려가는 방식으로 내용을 정리하고 이해하여 기억을 되살리는 데 탁월하다. 마인드맵의 뻗어 나간 가지들은 인간의 신경세포가 시냅스로 연결되어 성장과 재조직을 하는 뇌의 구조처럼 보인다.
- 여러 가지 색깔 펜으로 필기와 노트 정리하기. 공간지능이 우수한 사람은 색감이 탁월하여 색깔로 이미지를 구분할 수 있어 내용을 구분하여 정리할 때 효과적이다.
- 그림으로 내용을 요약하기. 테마별로 그림을 그리고 그 속에 테마별 중요한 내용을 정리한다면 일반적인 정리보다 기억력을 높일 수 있다. 테마별 그림을 바로 기억할 수 있고 그림을 통한 일차적인 기억이 이루어지면 그 속에 정리한 내용은 쉽게 기억할 수 있기 때문이다.
- 표를 활용하여 내용을 조직적으로 표현하기. 중요 내용을 일정한 형식과 순서에 따라 보기 쉽게 나타내는 자신만의 표로 정리하여 내용을 기억할 수도 있다.

- 교과서의 주요 내용을 조각내어 이해하기. 공간지능이 뛰어난 사람은 교과서의 어느 부분에 무슨 내용이 있었는지 기억하는 능력이 뛰어나다. 그러므로 중요한 내용을 조각내어 이해하면 그 부분의 특징이나 그림까지 기억할 만큼 도움이 된다.

자연지능

- 오감을 통해 사물 관찰하고 기록하기. 자연지능은 동물, 식물, 광물 등 주변의 자연현상을 관찰하고 공통점과 차이점을 구별하는 능력이다. 인간은 신체 부위에서 느낄 수 있는 오감을 통해 사물을 인지하는 능력이 뛰어나므로 공부할 때도 오감을 활용할 필요가 있다. 즉 자신이 이해한 내용을 노트 정리할 때는 시각적인 효과가 나타나도록 정리하는 것이 필요하다. 암기할 때는 소리를 내어 자신의 목소리를 귀 기울여 듣는 것이 집중력을 높여준다.
- 배우는 지식의 자연과의 조화를 생각하기. 과학에서 접하는 광물이나 인간의 신체 구조 등을 배울 때 자연 세계와의 조화를 생각하면 쉽게 이해할 수 있다.
- 공부해야 할 부분을 연관성 있는 내용으로 분류 · 분석하기. 동물, 식물로 구분되듯이 학습의 중요 내용을 분류, 분석하여 접근하는 방법은 학습을 쉽게 하는 방법을 모색하는 것으로 그 효과도 탁월하다.
- 생각의 변화 과정을 메모하기. 메모의 방법으로 자신만의 마인드맵으로 정리를 하여도 되고 목차를 만들어 중요 내용을 파악할 수도 있다. 또는 그래프를 활용하여 생각이나 학습의 내용을 정리하면 효과적이다.

자기성찰 지능

- 긍정적인 혼잣말을 자주 하여 긍정 마인드를 가지기. 성찰은 자신이 한 일을 되돌아보면서 내면의 활동에 집중하는 것이다. 성찰을 잘하는 사람은 대부분 반성적 사고와 합리성을 바탕으로 신념을 찾아가는 의식적인 행위를 하는 사람이다. 이때 긍정적인 말로 자신의 신념을 확립하는 긍정의 마인드는 무엇보다 중요하다. 이 세상에서 자신을 사랑해 줄 사람은 자기 자신이 가장 먼저여야 한다. 이렇게 자신을 긍정적으로 바라볼 수 있으면 자아 존중감이 형성되어 삶의 접근법이 달라진다. 자신에 대한 자존감은 학습에 대한 접근법도 긍정적으로 바꾸어 자신감을 심어주고 학습의 효율을 높여준다.
- 지금 해야 하는 일의 목적을 파악하여 그 필요성을 깨닫기. 무슨 일이든 목적성을 가지고 접근하면 실천에 대한 의지가 생겨 그 목표를 이루어낸다. 학습할 때에도 자신만의 목적을 설정하고 시작한다면 우리의 의지가 그것을 이루기 위해 노력을 하므로 학습의 효과는 자연히 따라온다.
- 자신에게 맞는 학습의 강점을 기억하고 그것을 응용하여 공부하기. 인간의 뇌에는 누구나 8가지 지능이 존재한다. 그러나 사람마다 8가지 지능의 분포도는 다르다. 사람마다 재능에 따라 강점지능을 가지는 지능의 영역이 다르기 때문이다. 즉 사람은 저마다의 강점지능인 재능이 존재하고 그에 따라 관심도가 다르다. 그러므로 자신의 강점지능을 알고 그에 맞는 학습법을 적용한다면 자신의 강점지능을 발전시키게 되어 학습의 효과는 연쇄적으로 따라오게 되어 있다. 라마르크는 진화론에서 용불용설을 말했다. 자주 사용하는 기관은 발전하고 반대로 자주

사용하지 않는 기관은 퇴화한다는 주장이다. 이것은 강점지능을 활용할수록 지능이 발전되는 개념과 일치한다. 그래서 학습의 성공을 위하여 자신의 강점지능을 활용하면 쉽게 발전시킬 수 있고 학습의 효과를 높일 수 있다.

- 혼자서 공부하기. 성찰 지능이 높은 사람은 여럿이 하는 학습방법보다 혼자서 자신의 목표를 생각하며 조용히 하는 것을 선호한다. 혼자서 하루의 목표를 이루고 일주일의 목표를 이루면서 최종 학습의 목표를 완성하여 조용히 행복을 찾아간다. 그러면 그 효과는 크다.

인간 친화 지능

- 혼자보다 친구들과 스터디그룹으로 공부하기. 성찰 지능은 자신의 내면에 집중하는 것이라면 인간 친화 지능은 타인에게 집중하는 것이다. 그래서 이들은 혼자만의 학습보다 친구들과 함께하는 스터디그룹 활동을 선호한다. 학습의 내용을 공유하고 학습의 시작과 끝을 같이하는 것을 원한다. 이럴 때는 친구들의 역할 분담이 도움을 준다. 각자 자신들이 잘하는 과목, 즉 강점지능이 발휘되는 과목을 집중적으로 공부하여 친구들에게 설명하고 공유하는 방법을 취하면 그 모둠 전체의 학습 효능이 좋아지며 친구들의 눈높이에서 설명을 들음으로써 서로 부족했던 부분을 쉽게 이해하는 효과도 가져갈 수 있다.
- 친구나 다른 사람이 이해할 때까지 설명하여 가르쳐 주기. 자신이 잘하는 부분을 사람들에게 설명할 때는 그 사람이 충분히 이해할 때까지 다양한 방법으로 설명을 한다. 이 방법은 자신의 학습효과가 높아지고

듣고 있는 사람의 이해도도 향상된다.
- 팀으로 협동 작업이나 경쟁을 하여 성과물을 만들기. 이 지능이 우수한 사람은 팀별 활동을 선호하므로 협동하여 각자의 역할 분담을 적재적소에 활용하여 기발하고 우수한 성과물을 만들어 내는 것을 잘한다.
- 자신이 그 분야의 리더라고 생각하고 행동하기. 외향적인 성향이 뛰어난 집단이 인간 친화 지능이다. 그러므로 자신이 항상 리더라는 마인드로 주체적인 참여와 활동을 이끌어야 한다. 그 과정에서 무슨 일이든 즐겁게 효율을 높일 수 있다.

다중지능을 아이들의 학습에 활용하면 그들의 강점지능을 더 **빨리** 개발하고 발전시킬 수 있다. 그 발전들이 모여 자신의 꿈을 이루는 원동력이 되기를 바란다. 각자에게 숨겨진 재능을 발현하는 사회가 되면 모두가 행복한 세상이 될 것이다. 아이들의 정서가 메마르고 인성이 사라지고 있는 현대에 각자의 강점지능을 계발하고 인성지능을 되살려 건전한 미래사회를 만드는 것은 중요하다. 이것을 이루기 위해서는 자신의 내면을 가다듬는 자기성찰 지능과 타인과의 관계를 살필 수 있는 인간 친화 지능을 꼭 함양해야 한다.

자기애를 바탕으로 한 '자아 존중감'은 목표지향적인 삶을 살게 한다. 꿈을 가지지 않는 삶은 죽은 삶과 같다. 자기가 할 수 있고 자기에게 맞는 꿈을 가지는 삶은 우리의 생활을 긍정으로 이끌고 활력을 주어 하루하루가 자신감과 행복으로 가득해진다. 그리고 '자기 향상 욕구'를 불러일으켜 더 높은 곳으로 발전시키는 역할을 한다.

동물의 생태계를 살펴보면 어미로부터 출생한 새끼들은 대부분 1년 내외를 기준으로 어미로부터 독립하여 활동한다. 동물의 생태계에서는 생존을 위한 활동이다. 만물의 영장인 인간은 부모로부터 자식이 독립하기까지 너무 긴 시간이 걸린다. 보통 20대 후반에서 30대 초반을 독립의 시기로 본다. 동물의 생태계보다 너무도 긴 시간 동안 부모의 보호를 받으며 사는 것이다. 그런데 최근에는 '캥거루족'까지 나타나고 있다. 성인이 되어도 경제적 독립이 못 되어 부모의 도움을 받는 자립심이 부족한 상태를 의미한다. 이것은 여러 사회적인 문제를 안고 있는 현상이다.

우리는 자녀의 출생과 더불어 예쁘다는 이유로, 어리다는 이유로, 아직은 혼자 할 때가 아니라는 이유로, 등 많은 이유로 자녀들이 스스로 무엇인가를 할 수 있도록 이끌기보다 부모의 울타리 안에서 생활하도록 하는 시스템을 만들어 준다. 그래서 사소한 문제가 생겨도 자신이 해결하려고 하는 것보다 부모의 도움을 요청하고 부모가 설계하는 대로 움직이려고만 한다. 맹수의 가능성이 충분한 사자를 사육함으로써 그 기질을 죽이듯이 우리 자녀의 무한한 가능성을 부모라는 이름으로 사장시키는 것은 아닐까 자문해 볼 필요가 있다. '스스로 문제를 해결하기 위한 강한 노력'은 우리가 사회 속에서 어떠한 문제에 부딪혀도 해결 가능한 힘을 기를 수 있도록 한다. 미래의 주역들이 이러한 능력을 배우고 익혀 무한한 성장을 이루기를 바란다.

너에게
집중하라

초판 1쇄 발행 2025. 2. 26.

지은이 김나연
펴낸이 김병호
펴낸곳 주식회사 바른북스

편집진행 황금주
디자인 이강선

등록 2019년 4월 3일 제2019-000040호
주소 서울시 성동구 연무장5길 9-16, 301호 (성수동2가, 블루스톤타워)
대표전화 070-7857-9719 | **경영지원** 02-3409-9719 | **팩스** 070-7610-9820

•바른북스는 여러분의 다양한 아이디어와 원고 투고를 설레는 마음으로 기다리고 있습니다.

이메일 barunbooks21@naver.com | **원고투고** barunbooks21@naver.com
홈페이지 www.barunbooks.com | **공식 블로그** blog.naver.com/barunbooks7
공식 포스트 post.naver.com/barunbooks7 | **페이스북** facebook.com/barunbooks7

ⓒ 김나연, 2025
ISBN 979-11-7263-981-5 03190

•파본이나 잘못된 책은 구입하신 곳에서 교환해드립니다.
•이 책은 저작권법에 따라 보호를 받는 저작물이므로 무단전재 및 복제를 금지하며,
이 책 내용의 전부 및 일부를 이용하려면 반드시 저작권자와 도서출판 바른북스의 서면동의를 받아야 합니다.